AU PAYS DU FILM

Les photographies qui ont servi à illustrer cet ouvrage nous ont été gracieusement communiquées par *Paramount*, *Fox*, *Ciné-Miroir*, *Ciné-Magazine* et par l'auteur.

GLORIA SWANSON DEVANT SON " HOME "

(page 5)

FERRI PISANI

AU PAYS DU FILM

SOUVENIRS DE LOS ANGELES

ILLUSTRÉ
DE NOMBREUSES PHOTOGRAPHIES HORS TEXTE

PARIS
LIBRAIRIE PLON
PLON-NOURRIT ET Cie, IMPRIMEURS-ÉDITEURS
8, RUE GARANCIÈRE — 6e

DU MÊME AUTEUR :

Jean-Louis homme de joie, *roman*.. .. .. (AMBERT.)

Le Drame serbe. *Journal d'un correspondant de guerre*.. .. .. (PERRIN.)

L'Intérêt des États-Unis dans la Guerre mondiale. .. .. (PERRIN.)

ET

LES OPPRIMÉS

ROMAN

Un volume in-8e raisin, illustré d'après le célèbre film **PARAMOUNT** (scénario original et mise en scène d'HENRY-ROUSSEL). .. .. 2 fr. 75

(ÉDITIONS DU CYCLOPE en dépôt à la *Maison du Livre français.*)

Ce volume a été déposé au ministère de l'Intérieur en 1923.

AU PAYS DU FILM

SOUVENIRS DE LOS ANGELES

I

LOS ANGELES OU LA FIÈVRE DU FILM

On m'avait dit : « Vous avez interviewé Wilson, dîné avec le roi du cuivre, contemplé le pont de Brooklyn et visité la statue de la Liberté ; vous avez éprouvé tout ce que l'Est réserve d'*excitant.* Mais New-York, Washington, Philadelphie ne sont qu'une réédition de l'Europe. Seule la Californie garde encore intacte l'âme yankee. Par delà les déserts de l'Utah et les solitudes des Rocheuses, les derniers Peaux-Rouges et les derniers cow-boys se sont réfugiés à Los Angeles, dans les studios du cinéma ! »

Comment résister à cet appel du Grand-Ouest, romanesque, national? Le soir même, la *grande malle* m'emportait vers les rives du Pacifique. En trombe, le train traverse Saint-Louis, jadis ville française. Puis c'est Kansas-City, capitale des terres à maïs et rivale déjà de Chicago. Plus loin dans les sables, l'oasis de Salt-Lake-City, encore frémissante du rêve d'une théocratie mormone, marque l'étape d'une migration mystique. Encore quelques heures d'express et voilà Denver, gardant les passes des Rocheuses. Nous les passons. Maintenant c'est la plaine : Sacramento sourit dans les rizières ; San-Francisco ouvre ses portes d'or aux navires de l'Asie. Los Angeles : tout le monde descend. D'un océan à l'autre, le voyage a demandé six jours.

A l'arrêt d'une station perdue dans la Prairie, la malle du Pacifique avait pris une voyageuse solitaire. Elle était à peine installée près de moi que déjà elle parlait avec cette abondance qui caractérise les personnes subjectives à l'excès.

— Monsieur, disait-elle, vous allez

sans doute à Los Angeles? Moi aussi. Naturellement, vous voulez faire du cinéma, comme moi-même. Ah ! les « peintures mouvantes » ! Êtes-vous photogénique? On m'assure que j'ai tout pour réussir. Je veux faire ma carrière dans le film. J'ai quitté hier soir la petite ville de l'Illinois où j'étais couturière. Mais ce métier est obscur. Bientôt je serai sur l'écran : alors ce sera la gloire, la fortune. Qu'était Mary Pickford, jadis? Pas plus que moi. Elle a tourné plusieurs mois comme simple figurante. Je ne resterai pas longtemps *extra*, je vous l'affirme. Je nage, je monte à cheval, je fais de la boxe, je danse. Ma famille est contre mes projets, naturellement. Vous savez, il ne faut jamais regarder dans l'objectif : c'est une faute de débutant. J'ai toutes les adresses des studios. Je vous guiderai, si vous le désirez. Quel « type » pensez-vous être? Moi, je jouerai les Nazimova, mais en plus jeune et avec beaucoup de sentiment.

Cette assurance impressionnait mon fonds de naïveté. Comment douter de quelqu'un qui s'affirmait avec autant de précision. Elle connaissait les noms de tous les directeurs, les bilans de toutes les compagnies. Pendant des années, sans doute, elle avait suivi l'évolution du film, dans les vingt magazines spéciaux que l'Amérique consacre à l'art muet. Depuis l'enfance, elle s'asseyait chaque soir devant l'écran de sa petite ville. Comme un astronome vit avec les étoiles, elle vivait avec Betty Compson, Pauline Frederick, Theda Bara. Et avec tant de foi elle se croyait leur émule que je « la croyais » à mon tour. Et par la même occasion, je commençais à « me croire » moi-même. Puisque j'allais à Los Angeles, pourquoi, moi aussi, n'aurais-je pas fait du cinéma? Le destin me mettait peut-être sur les traces d'une future vedette? Je fus aimable. J'imaginais qu'elle m'obtenait un rôle.

Quand après six jours d'express j'arrivai au pays du film, j'étais dans l'état d'âme d'un chercheur d'or débarquant en Alaska. Ma compagne de voyage s'était inscrite à l'hôtel Alexandria, le seul digne d'abriter une future étoile. Quant à moi, à peine avais-je eu le temps de prendre un bain dans la modeste pension où je logeais, que déjà, pompeusement parée, ma voisine du train venait m'inviter à la suivre. Elle était armée d'un plan détaillé de Los Angeles, où de grandes croix bleues marquaient l'emplacement des studios, les uns dans les faubourgs, les autres, plus lointains, au pied des montagnes, d'autres encore, sur la route de la mer. Tous étaient bâtis dans des sites difficiles à atteindre, loin des voies de communication. Il semblait que tous ces temples cinégraphiques eussent voulu défendre leur accès contre un peuple de néophytes amateurs et redoutables.

Le véhicule électrique glissait dans la

banlieue sacrée. Vous connaissez tous Hollywood pour l'avoir vu dans ces fonds de décor du film américain : des villas riantes où grimpent des glycines, des jardins égayés par les taches rouges des orangers, des avenues spacieuses bordées de poivriers géants ou d'eucalyptus, des angles de rues où veille un palmier mégalomane, et partout des fleurs, de la verdure, des oiseaux sous le ciel bleu. Mais déjà, derrière une haie de rosiers, l'américanisme reparaît : une gigantesque serre en verre reflète, en feux de diamant, le soleil.

— Le *Brunton!* me dit l'étoile. Le siège des compagnies indépendantes : Mary Pickford, Hayakawa, Frank Keenan, Douglas Fairbanks tournent ici... Ai-je la figure luisante?

Elle se poudra, rougit ses lèvres, releva ses cils du bout de son index. A l'entrée du studio, on pouvait lire ces mots : *Casting director. Please, kept away...* Ce qui peut se traduire par : *Directeur des engagements. On n'entre pas.* Dans la porte, une ouverture permettait de passer la tête. Des gens défilaient, de tous les âges, de toutes les esthétiques, des jeunes filles, des vieillards, des éphèbes, des femmes mûres, avec des enfants qu'elles soulevaient à la hauteur du guichet. A l'intérieur, une voix saluait chaque nouvelle apparition d'un monotone *Nothing doing!* (Rien à faire !). Ma compagne reçut la réponse en tremblant d'indignation.

— Venez ! Cet homme est fou ! me dit-elle.

J'allais m'éloigner, quand je fus interpellé par un individu à qui j'avais cédé mon tour respectueusement, par égard pour ses bottes armées d'éperons et son chapeau à larges bords.

— Mais tu es Français, toi aussi !

Je crus devoir imiter ce tutoiement immédiat, de rigueur dans les hôpitaux, les asiles de nuit et les prisons.

— Eh bien ! mon vieux, je te prenais pour un cow-boy.

— Je joue les cow-boys, quand il n'y a pas besoin de monter à cheval.

— Le cavalier à pied, alors?

— Tu l'as dit, poteau !

L'homme portait une barbiche inculte, n'avait pas d'âge et sentait le whisky :

— Il y a dix ans que je suis par ici. C'était meilleur autrefois, mais aujourd'hui il y a trop de concurrence. Ils veulent tous faire du ciné. Je suis du Beaujolais. Il y a quarante ans que je n'ai pas goûté le vin du pays. J'ai fait tous les métiers. J'étais valet de chambre chez un roi ! Chez Kalikao, celui qu'on appelait le Napoléon du Pacifique, le dernier souverain des îles Hawaï. Ah ! le beau temps, les danses des femmes canaques au clair de lune ! Mais les Américains sont venus. Ils ont obligé les natives à porter des chemises, et maintenant Honolulu est empoisonné par la fumée des usines.

Mais déjà ma compagne intervenait

avec une lueur dangereuse dans le regard :

— N'avez-vous point honte de vous lier avec ce vagabond? Suivez-moi, nous allons à la *Metro!*

Je la suivis, mais non sans avoir recueilli du faux cow-boy l'invitation suivante :

— Viens me retrouver dans le Square Central, à cinq heures. Je t'indiquerai le filon!

Nous sommes devant le studio de la *Metro*. Comme au *Brunton*, un mur impitoyable derrière lequel on devine l'activité d'une ruche. Comme au *Brunton*, une porte basse avec l'inscription : *Directeur des engagements. On n'entre pas.* Mais ici, à mon grand étonnement, on entre. Un géant roux nous a fait, d'un geste, franchir le seuil. Je m'assieds sur le bord d'une chaise et le *casting director* parle :

— Chère lady, dit-il, mille amateurs nous arrivent chaque matin de tous les points d'Amérique avec l'espoir d'être un nouveau Charlot ou une seconde Mary! Trois cent soixante-cinq mille candidats par an! Ne perdez pas votre temps un jour de plus! Retournez chez vous! C'est un conseil d'ami.

La future étoile devient blême, si blême que le *casting director* s'apitoie :

— Peut-être pourriez-vous tenter la comédie. Tirez vos cheveux à plat, ébréchez-vous les dents, habillez-vous de robes burlesques. C'est le seul espoir.

Je me retrouve dans la rue en tête à tête avec l'étoile. Dans ses yeux passe une seconde fois la lueur, mais plus violente :

— Misérable! Vous avez fait un signe au directeur! Je vous ai vu!

Le soleil californien tombe perpendiculaire, torride. Alors je comprends. Le conseil d'un aliéniste me revient en mémoire : « Il ne faut jamais contrarier les fous. »

Je réponds d'un ton conciliant :

— Vous avez raison.

Hélas! une ombrelle se lève et retombe sur ma tête. Je n'ai qu'un parti à prendre : la fuite. Je me lance à travers champs. La malheureuse folle me poursuit. C'est mon premier épisode que je tourne, mais sans scénario, sans directeur, sans objectif. Je sens le vent de l'ombrelle sur ma nuque. A la fin, je gagne de vitesse, saute un fossé, tourne trois fois autour d'un bosquet, perds la démente. Je me suis perdu moi-même dans la campagne. J'erre des heures avant de retrouver une voie, un tram, le moyen de regagner la ville. Je n'ai plus d'ambitions, je m'apprête à quitter Los Angeles, à reprendre la *malle* pour New-York, — quand, en traversant le Square Central, je suis hélé par l'ex-valet de Kalikao, qui se vautre sur un banc.

— Eh! poteau, je ne voulais pas te donner le cafard ce matin, mais les directeurs des engagements n'engagent jamais.

— Alors, pourquoi montent-ils la garde à la porte des studios?

— Pour décourager les candidats, parbleu ! Le ciné a ses mystères, mais je vais les dévoiler pour toi. Viens à l'agence !

L'agence? Le faux cow-boy prononce le mot à voix basse, ainsi que les Anciens faisaient en évoquant les lieux redoutables.

II

THEDA BARA, VAMPIRE

Bien qu'une pancarte menace d'expulsion tout figurant surpris en train de fumer ou de cracher, les « extras » se tiennent médiocrement. La salle de l'agence offre un ensemble mal élevé, mal habillé et répand une odeur de chien mouillé. Une partie de la pièce est réservée aux « ladies ». Le féminisme yankee pare de cette qualification la plus souillon des figurantes. Parmi celles-ci je cherche en vain une taille jeune, la face aux yeux clairs qui diraient : « Je suis ici parce que le septième art m'attire, parce que je crois en lui et en moi. »

Hélas ! ce ne sont que visages de misère !

— Mais quand un metteur en scène désire garnir des salles de bal ou d'opéra?...

— Pour un pareil filon, répond Kalikao, il y a les *extras* nippés qui sont en combine avec l'agent. Ceux-là n'attendent pas ici. On leur téléphone directement à leur tôle. Si ta tête revient au singe et si tu as de la frusque, peut-être à toi aussi, un jour, on te téléphonera. Mais pour commencer, il faut commencer.

J'ai compris et je me mêle résolument à la foule malodorante. La porte du fond s'entr'ouvre parfois et sur un mot bref, un élu, accompagné par l'envie de tous, s'en va vers cinq dollars. Je joue des coudes. J'approche. Déjà des sonneries de téléphone me parviennent. Dans la marche vers la gloire, le premier pas est fait, le plus redoutable, celui qui porte le débutant dans la salle de l'agence, l'agence où seuls osent pénétrer ceux qui possèdent un grand courage ou qui ont très faim.

— Hello ! dit une voix derrière la cloison. Hello ! Type étranger? Brun? Grand? Entendu. Vous aurez l'homme demain matin.

La porte s'est ouverte. Deux yeux me fixent, un doigt se tend vers moi.

— Mais c'est la première fois que vous venez ici? me dit l'agent, avec cette méfiance affreuse qu'on a pour tout nouveau débarqué au pays du film. Au moins, avez-vous de l'expérience?

Je ne sais même pas ce qu'est un objectif, mais initié déjà au bluff américain, je réponds froidement :

— J'ai travaillé deux ans en France chez Pathé.

On est rassuré.

— Alors, ça va bien. Vous trouverez un uniforme au studio. Demain, neuf heures, chez Fox.

Le lendemain, je pénétrai chez Fox en compagnie d'une cinquantaine d'extras des deux sexes déjà vêtus de la tenue requise par l'épisode. Les hommes étaient en chapeau haut de forme et jaquette; les femmes portaient des toilettes de ville. Les allures étaient correctes, parfois élégantes. Sans nul doute, c'étaient là les figurants à qui « on téléphonait directement ». On m'avait dirigé vers le costumier. Un uniforme m'y attendait, sans autres explications. Je le revêtis, en me demandant qui j'étais sous cette casquette plate : chasseur de restaurant ou officier prussien en demi-solde? Dans la loge où je m'habillais, les autres extras se maquillaient devant une série de glaces. Je n'avais pas prévu cette formalité.

— Seriez-vous assez bon pour me prêter vos fards? dis-je à mon voisin.

— Ces gens qui veulent faire du ciné et qui n'ont même pas un crayon noir! Prenez, mais c'est dix cents!

Je tendis mes dix sols. Je guettais les gestes autour de moi, m'essayant à les reproduire. Du coldcream en premier lieu, puis un fond de teint jaune. Les yeux noircis. Par malheur, je me rappelai les pommettes rouges des artistes sur la scène et je crus bien faire en me donnant des couleurs. Le loueur du maquillage m'arrêta :

— Mais vous êtes fou d'user mon rouge sur vos joues! Le rouge, c'est pour les lèvres! Vous ne savez donc pas qu'en photo le rouge fait des creux d'ombre! Vous désirez peut-être jouer un rôle de poitrinaire!

On appelait : « En scène! » Le plateau représentait une salle de musée. Au centre, un grand portrait, celui de Theda Bara en danseuse espagnole.

Un orchestre attaqua quelque chose de léger, afin de préparer l'esprit des interprètes. Le directeur expliquait : « Nous sommes dans une exposition artistique, à Paris. Voici le gardien, ajouta-t-il, en me désignant. Gardien, promenez-vous! » Je me mis en mouvement, tout en prêtant l'oreille à la voix qui disait encore : « Vous autres visiteurs, quand vous arrivez devant le portrait de la danseuse, vous manifestez une intense émotion! Que c'est beau! Theda Bara entre par la porte de droite! Elle va vers la toile et provoque un scandale! Le gardien intervient et l'expulse. Vous avez tous compris? Lumière! Action! Camera! » Dans ma promenade de long en large, trois appareils me guettent avec un tac-tac énervant. J'ose à peine lever les yeux, de peur de fixer l'objectif. Mais Theda Bara est déjà là, gesticulant devant sa toile. J'entends : « Gardien, intervenez! » Je me dirige vers le panneau et empoignant le bras de l'étoile je l'entraîne hors de scène avec des expressions de sergent de ville conduisant un délinquant au poste. « Très bien ! ce n'est pas la peine de recommencer ! » crie la voix directoriale. Je pense : « Comme c'est facile ! »

Maintenant, c'est la lente mimique de la vedette qui « tourne » à quelques centimètres de l'objectif. Spectacle rare ! Theda Bara minaude :

— N'est-ce pas, directeur, que cette pose est gracieuse?

Elle s'approuve, se sourit, gâtée par dix ans de succès continu, par 2000 dollars de salaire hebdomadaire, gâtée aussi par la faiblesse de metteurs en scène sans autorité sur la grande vedette. Mais soudain le front de l'étoile s'est plissé ; un froncement de sourcils, un doigt qui montre, un doigt d'enfant mal élevée :

— Directeur ! je ne veux pas cette fille auprès de moi ! ordonne Theda, dans sa crainte perpétuelle de voir surgir sur l'écran de ses films la face de quelqu'une plus jeune et plus jolie.

Le directeur a compris et, tandis que s'éloigne la gracieuse figurante, deux têtes impossibles s'avancent pour encadrer la vedette avec un double repoussoir.

— Comme ce sera charmant ainsi ! dit l'étoile tranquillisée.

Ce film que je voyais tourner, *la Femme Démon*, devait être une des dernières productions de la vedette. Depuis, Fox a refusé de renouveler le royal contrat. Theda a dû abandonner l'écran.

Il est curieux de se demander comment la première gloire du ciné américain perdit, en quelques mois, une popularité qui datait de dix ans. Ce système de sacrifier à la présomption de l'étoile l'intérêt du scénario, de l'interprétation, de tout, a certainement lassé un beau jour le public. Mais la retraite de Theda fut surtout la sanction de ces lois de logique qui constituent la justice des foules. Une conception immorale ne peut vivre que dans l'enfance d'un art ou dans sa vieillesse. Quand Mme Bara débuta, à peine Griffith venait-il d'inventer le « premier plan ». Le projecteur, avec un bruit de crécelle, jetait encore sur l'écran des photos tremblantes, trouées de points noirs et sur lesquelles de pauvres hères aux gestes saccadés singeaient la vie, sans scénario, sans direction, au gré de la fantaisie.

Cette technique brutale du début devait produire une psychologie toute en gestes. Le film ne s'adressait qu'aux nerfs de la foule. L'exaltation du donjuanisme, ce point de départ de toutes les brutalités, était un thème inévitable à l'époque. Mais l'Amérique féministe ne pouvait tolérer l'apothéose du don Juan mâle. On remplaça le héros indésirable par le don Juan femelle. On put voir alors sur les écrans du Nouveau-Monde la Vampire, au cours d'épisodes mélodramatiques, lacérer, torturer, tuer l'homme, comme dans le ciné d'Europe le sinistre bellâtre lacérait, torturait, tuait la femme.

Mais parce que la Vampire était le mal triomphant, elle ne pouvait durer. Avec la saine jeunesse du film, la vie, l'amour, le public se révoltèrent contre la conception vicieuse.

La Vampire paraîtra longtemps encore sur la pellicule américaine, mais elle n'est plus que la traîtresse de la pièce et comme telle, à la fin du drame, elle sera punie par le triomphe de l'Ingénue ou de la grande Amoureuse, aux sentiments tendres, généreux, pitoyables.

Avec Theda Bara, la Vampire en tant qu'héroïne est morte. Qu'elle aille rejoindre son émule don Juan dans la légende... et en enfer.

III

WILLIAM HART
OU LA BEAUTÉ INTÉRIEURE

— La semaine dernière, chez Bill Hart, j'ai eu le « job » directement, à l'entrée du studio ; deux jours à sept dollars, plus dix thunes pour m'être laissé assommer par le shériff !

A cette pensée d'avoir tourné sans passer par le « singe » de l'agence, l'individualisme latin de Kalikao s'exalte. Kalikao est ce vieux vagabond français qui échoua au pays du film, où une défroque de cow-boy lui permet de figurer les « cavaliers à pied » dans les épisodes du Grand-Ouest. Kalikao est sale, hargneux, ivrogne, mais son pittoresque m'entraîne allégrement sur la route d'Hollywood.

Le soleil a enfin percé le brouillard, ce *fog* matinal qui souvent enveloppe, jusqu'à midi la campagne californienne. Des voitures nous croisent, chargées de confrères plus heureux engagés de la veille et qui s'en vont tourner des « plein air » dans les décors de la montagne ou de la mer. Spectacle d'un bien curieux anachronisme que ces chevaliers moyenâgeux ou ces marquises poudrées passant à du 60 à l'heure, dans le nuage et le ronflement des grandes autos de tourisme.

Pour atteindre le studio de William Hart, nous passons au pied des tours de Babylone, le décor magnifique d'*Intolérance.* En dépit des intempéries, les murs hauts de quarante mètres, encore intacts et restés blancs, dominent toujours la campagne environnante, la rapetissent, font concurrence aux premiers contreforts des Rocheuses. Mais le rappel du chef-d'œuvre de Griffith ne saurait émouvoir la mémoire de Kalikao. Pourtant, il a tourné là, jadis, parmi un peuple de six mille figurants et durant huit jours, soldat barbare armé d'un javelot, il est resté nu jusqu'à la ceinture, son torse roux exposé au soleil. Hélas ! c'est à peine si mon compagnon consent à m'indiquer l'emplacement où attendaient les autos d'ambulance, prêtes à emporter vers l'hôpital le record des sinistres du film, pendant l'assaut des tours : soixante-quinze accidents, dont cinq mortels !

Mais Kalikao s'apitoie difficilement sur autrui. De ce jour-là, il n'a gardé qu'un souvenir personnel : il avait réussi à toucher par fraude, pour lui seul, quatre boîtes du lunch distribué par les soins du studio !

Le quartier général de Bill Hart est situé dans un village-type du Texas : une rue unique bordée de constructions en bois, une épicerie campagnarde, un office de shériff, un bar, — le bar où se complotent tous les drames du Grand-Ouest : l'attaque de la diligence, l'enlèvement de la femme convoitée, la vengeance qui tuera. Plus loin, sur la colline, le *ranch* avec son *corral*, son troupeau de chevaux sauvages, ses bœufs aux longues cornes, son moulin à vent surmontant l'abreuvoir. Sur la crête se profile l'échafaudage noir qui marque l'emplacement d'un puits d'huile minérale. De là, part droit vers les ravins des Rocheuses un sentier tracé voilà vingt ans par les chercheurs de pépites. C'est toute l'histoire de la Californie du sud : la fièvre de l'or, puis celle du pétrole ; aujourd'hui, c'est la fièvre du film.

A mon grand étonnement, le directeur des engagements, qui veille à la porte du studio, nous invite à entrer. Nous voici dans les rues du village, parmi des figurants type « petite ville ». Le soleil se montre. Action ! Camera ! Enveloppée d'un nuage de poussière, la *posse* débouche, William Hart en tête : en tout une trentaine de cow-boys authentiques qui ont quitté leurs bœufs de l'Arizona ou leurs moutons du Nevada pour venir tourner à Los Angeles — quand il y a du travail — à dix dollars par jour, cheval compris. Larges chapeaux, bottes molles au haut talon desquelles sonnent les éperons d'argent, chemises aux couleurs aveuglantes, manchettes de cuir, lourdes ceintures où luit la crosse d'un revolver : ils ont beaucoup d'allure et pourtant ils m'apportent une immédiate désillusion.

Comme le déplacement de l'appareil impose à la *posse* quelques minutes d'oisiveté, les cavaliers se rapprochent des extras à pied. Il y a dans notre groupe une jolie figurante à éblouir. Un lazzo siffle et s'enroule autour de la taille de Kalikao que son camouflage d'homme du Grand-Ouest désigne à la plaisanterie de ceux qu'il singe. Quant à moi, nouvelle tête au studio, je subirai aussi la brimade. Deux cow-boys ont soudain déchargé leurs revolvers à bout portant sur mes pieds. L'éclatement des cartouches, bien qu'à blanc, produit dans les jambes une sensation de coup de fouet qui, immanquablement, fait faire un bond à la victime. J'ai exécuté le saut demandé et j'ai ri, — le meilleur moyen d'éviter des histoires. Oh ! modernes cow-boys, vous que je croyais des héros de Fenimore Cooper ! Mais vous tirez des coups de revolver à blanc dans les jambes de l'étranger ! Vous n'êtes que les fils sportifs de trafiquants anglo-saxons ! Cependant, qu'il vous soit beaucoup pardonné, puisque vous encadrez Bill Hart...

William Hart est devant l'objectif : cinquante ans bien sonnés, une longue face de Don Quichotte, quelque chose de la tête de cheval. Mais son regard s'est animé. Un rayon de lumière éclaire l'obscurité du scénario. L'expression a duré cinq secondes. Cela suffit. L'appareil a enregistré la beauté...

La beauté? Pour la négresse de l'Afrique centrale, c'est une lèvre prodigieusement lippue qui rit sur des dents taillées en pointe. Pour le juif de Tunis, la beauté c'est une fiancée engraissée jusqu'à deux cents livres par l'absorption de pâtes turques. Pour le sportsman, ce sont des muscles. Pour Platon, c'est un éphèbe louche. Pour une petite femme, la beauté c'est elle-même. Pour la foule qui vient applaudir William Hart, la beauté c'est la douleur. Regardez-le, s'il est beau dans l'angoisse de son pessimisme quasi-religieux ! Il est beau de cette beauté intérieure que des sculpteurs mystiques ont donnée aux saints et aux saintes de pierre, après que l'esthétique chrétienne eut effacé du visage humain la marque de la bête et fait tomber sur la tentation de la plastique païenne le pli rigide des robes monastiques. William Hart est la miséricorde, la chevalerie, le pardon, la protection de la veuve et de l'orphelin. Il est l'ami du pauvre. Ses défaillances morales ne sont là que pour mieux préparer la splendeur de ses résurrections. Il est une sorte d'apôtre. Son œuvre est un cycle.

La joie ne produit que de la joie. Seule la souffrance forge l'évolution des êtres. Tu pleures, donc tu progresses. Tu atteins la plate-forme de la justice. C'est peu. Voici mieux : l'échelon de la pitié. Encore un effort douloureux et tu t'élèveras jusqu'au sacrifice. Un regard de William Hart exprime tout cela. Il est la beauté, parce qu'il est la souffrance en action. Certes, sur la pellicule, il faut faire passer toutes les beautés, le sourire confiant de l'ingénue, le regard triomphant du jeune premier, la provocation de la coquette et même l'exotisme de la Vénus hottentote... Mais rappelez-vous ceci, petites filles qui devant votre glace grimacez, anxieuses de savoir si vous êtes photogéniques : le plus beau rôle sur le film comme dans la vie est souvent réservé à une laideur qui a beaucoup pleuré !

La fin d'une journée de figuration dans le décor romanesque du Grand-Ouest. Sur le versant de la colline, un enclos a été disposé. Sur trois côtés un solide grillage. Un rocher à pic fait barrière dans le fond. A l'entrée de l'enclos, une cage et dans celle-ci un puma. Le puma est le lion d'Amérique. Il ne possède pas la crinière de son cousin d'Afrique. De plus, nous affirme-t-on, le puma est peureux. Je veux bien croire le directeur, qui conclut :

« Voici l'épisode. Un homme mort gît à terre. On ouvre la cage. Le puma sort, flaire l'acteur et s'en va. Rien à craindre. Le fauve est vieux. D'ailleurs, il a déjeuné. » Étrange garantie ! L'appétit ne vient-il pas en mangeant?

« Qui veut jouer le cadavre? » Silence parmi la figuration à pied et silence parmi les cow-boys. « Dix dollars ! Pas d'amateur? Vous avez donc tous les pieds froids? Allons, vous, le Français, donnez l'exemple ! Pour quinze dollars ! » Les fils de la Prairie ricanent derrière moi. Alors je dis : « C'est bien, j'y vais. » J'entre dans l'enclos, je me couche. Action ! Camera ! La cage s'est ouverte. J'entends le tac-tac de l'appareil qu'on tourne à l'extérieur. Ma face est caressée par un souffle chaud et puant et je devine l'ombre du fauve qui s'éloigne. C'est fini. Je vais me relever, quand une voix crie : « Ne bougez pas ! On tourne toujours ! » Le maudit puma est revenu vers moi. Cette fois le mufle de la bête me touche et soudain une langue chaude me râpe le visage. Un coup de langue, deux coups de langue ! La composition alcaline de mon maquillage doit plater au fauve. J'entends : « Photographee Tournez toujours ! Merveilleux épisode pour une comédie ! » Troisième coup de langue, le dernier. Le puma s'est à nouveau éloigné. D'un bond je me relève, me glisse hors de l'enclos. Les cow-boys de William Hart ne me tireront plus, en signe de mépris, des coups de revolver à blanc sur les pieds.

IV

PICKFORD-FAIRBANKS OU L'OPTIMISME

Parcourez l'Amérique du Nord, de New-York à San-Francisco, de Chicago à la Nouvelle-Orléans, n'importe où et n'importe à quelle heure, demandez à n'importe qui comment il se porte, et vous recevrez toujours une seule et invariable réponse : *Fine and dandy!* La locution, intraduisible en français, signifie que tout va : le *business* national, la santé de votre interlocuteur, sa situation pécuniaire ou sentimentale, son ex-femme divorcée de la veille, sa fiancée qu'il épouse demain, la politique de la Maison Blanche, le marché de Wall-Street, tout va bien, parfaitement bien ! Tous les veufs sont sur le point de se remarier, tous les faillis s'apprêtent à remonter un commerce, tous les ex-convicts prétendent se réhabiliter. Fût-il condamné par la science ou par la untice, fût-il sur son lit de mort ou sur sa chaise électrique, l'Américain vous saluerait encore de ces mots d'admirable confiance : *Fine and dandy!*

La race vous ment-elle? Elle se ment à elle-même. Ce mirage est indispensable à la vie du Nouveau Monde. Il est son stimulant, son *dopping.* Il est nécessaire pour parcourir les rudes étapes de l'existence américaine, pour affronter ses périls, subir ses hauts et ses bas effarants, faire face à l'éternelle incertitude de ses lendemains. Ce *bluff,* c'est l'optimisme yankee, et le sourire. Pickford - Fairbanks en est le symbole.

Ce n'est pas uniquement à ses tours de force que Douglas Fairbanks doit sa fortune. Ce n'est pas à sa photogénie seule que Mary Pickford est redevable de sa gloire. Leur sourire les a faits ce qu'ils sont. Et quel sourire ! A l'époque, Douglas Fairbanks divorçait pour épouser Mary Pickford, et Mary Pickford divorçait pour épouser Douglas Fairbanks. Peut-on trouver plus éclatante manifestation d'optimisme? « Un double divorce en Amérique, direz-vous, la belle affaire ! » C'est une chose très difficile, plus difficile qu'en Europe... à moins que vous ne soyez prêts à rouler durant cinq jours et cinq nuits par delà la prairie et le désert jusqu'aux neiges qui couvrent l'État montagneux du Nevada. Reno ! Rappelez-vous cette petite capitale perdue dans les Rocheuses ! Là, naquit la plus libérale des législations post-matrimoniales. Notez Reno dans votre livre d'adresses, car on ne sait jamais ce qui peut arriver !

Qui dira l'influence du décor sur l'esprit des lois? Comment un petit groupe de pionniers, mineurs, trappeurs ou bergers en arrivèrent, du haut de leurs rochers, à jeter un défi unique au vieux droit Romain, au droit Canon, au code Napoléon, à toutes les procédures passées ou présentes ! A Reno, le contrat de mariage est déchiré par le bon plaisir d'une seule des deux parties. A dire vrai, cette volonté de l'époux plaignant doit se baser sur une peine, mais si légère !... Une femme n'a qu'à se présenter devant le juge avec cet argument : « Mon mari a refusé de m'acheter une automobile de course ! » Un mari n'a qu'à dire : « Ma femme ronfle en dormant ! » Il n'en faut pas plus. Cela suffit, en Nevada, pour regagner sa liberté.

Mais c'est dans la procédure que l'audace des législateurs de Reno se révèle encore plus surprenante. Rien n'arrête ces donneurs de divorce, ni la nationalité des parties ni l'absence du défendeur. Qu'importe la caste où l'union s'est accomplie, par raison chez des bourgeois, par amour chez de pauvres gens, par convenance chez des aristocrates ! Reno se déclare compétent pour détruire le mariage par achat de l'Arabe, le mariage par rapt du Caucasien, le mariage par dot de la Française. Quant à la question de la résidence légale, elle est tranchée d'une façon inattendue : le poursuivi doit comparaître devant le tribunal du domicile du poursuivant ! Six mois de résidence en Nevada (il faut bien que l'industrie hôtelière de la région profite un peu d'une législation si hardie !) vous permettent de sommer votre conjoint — celui-ci séjournât-il en Chine ! — de comparaître à Reno dans les soixante jours, et ce sous sanction d'une condamnation par défaut et définitive dans les quatre semaines qui suivent. Les lois du Nevada ignorent les délais de distance et d'appel. Une Française peut citer devant le jury de Reno un mari siamois qui habite l'Australie !

Seul, l'avion pourrait permettre à l'époux défendeur d'arriver à temps pour se justifier et ce serait en vain, car le Nevada est pour la liberté et son foudroyant jugement de divorce, enregistré automatiquement au consulat de France le plus proche, devient aussi valable à Paris qu'un décret rendu par le méthodique tribunal de la Seine.

Naturellement, Mary Pickford porta en Nevada son procès contre son mari. Naturellement, Douglas Fairbanks porta en Nevada son procès contre sa femme. M. Pickford (en l'espèce Owen Moore) s'accrochait énergiquement à une compagne qui « valait » quelques millions de dollars chaque année. Mme Fairbanks, d'autre part, refusait de quitter un époux dont le salaire fait honte à la liste civile des derniers souverains.

C'est à la veille du jugement de Reno que j'approchai les deux vedettes qui devaient bientôt former le couple le plus riche du monde. Si l'argent ne fait pas le sourire, du moins, il le facilite quelquefois. Mary et Douglas souriaient au carrefour de leurs deux existences, incapables par avance de tourner dans la vie comme sur le film un double divorce qui ne serait pas immédiatement suivi par un double remariage. Ils souriaient et ils semblaient vouloir illustrer la thèse de Schopenhauer sur l'amour — cette attraction simplement reproductrice qui, par l'union de types physiques et moraux opposés, recherche la conservation d'une espèce humaine moyenne dans la taille, la couleur, le sentiment. Autant Douglas est grand, autant Mary est petite. La force de celui-là semble faite pour protéger la faiblesse de celle-ci. Il est basané de visage, elle est blonde de cheveux et de peau. Il est brusque, elle est douce. Il est hardi, elle est timide. Ils sont des extrêmes qui se rencontrent dans l'optimisme.

Ah ! l'heureuse fin des scénarios américains ! Au dénouement des *Trois Mousquetaires* de Douglas Fairbanks, les quatre héros, bien en vie, se retrouvent dans le palais de Richelieu, un Richelieu chrétien et attendri qui couvre d'or et de brevets ses quatre mortels ennemis. Je crois même qu'il fut question un moment, dans le studio de l'Optimiste, de faire épouser d'Artagnan à Mme Bonacieux, tandis que les trois autres Gascons devaient convoler en justes noces avec trois dames d'honneur de la reine. Qu'importe s'il faut trahir sur l'écran l'histoire ou la légende, pourvu que le spectateur garde le sourire jusqu'au bout !

Mais, en Amérique, l'optimisme n'est pas réservé qu'aux gagnants. Les perdants aussi en font preuve. Huit jours après le double décret de Reno, Mme Fairbanks se remariait avec un millionnaire de Chicago, tandis qu'Owen Moore, l'ex-époux de Mary Pickford, lui, atteignait au comble de l'optimisme, en scénarisant et en filmant sa propre mésaventure matrimoniale !

Mais comment, en dénonçant l'optimisme yankee, ne pas évoquer la figure de son apôtre, Marie Baker Eddy, qui, à la fin du siècle dernier fondait à Boston la religion de la *Christian-Science*? La Réforme, en incitant les laïques à interpréter librement les textes sacrés, a donné naissance, dans les pays anglo-saxons, à une multitude de sectes dont chacune se déclare en possession des clefs théologiques ou morales. Mais parmi les temples du néo-christianisme américain, la cathédrale *Christian-Scientist* semble appelée à dominer de ses clochers audacieux les églises voisines : spiritualiste, théologique, quaker, adventiste ou mormone. C'est que la *Christian-Science* exerce une irrésistible fascination sur les foules modernes. Une civilisation exagérée, un progrès scientifique effarant ont fait plus critique encore l'âge de nos races. Nous sommes devenus des inquiets, des énervés. Nous ne savons plus attendre l'heure des récompenses mystiques, dans l'au-delà. Et voici que la *Christian-Science* nous promet le bonheur immédiat ! De Boston la Puritaine une voix s'est élevée, qui, proclamant pures inventions les maux physiques ou moraux, fait descendre le ciel sur la terre ! Inventions que la maladie, la faim, le dénuement ! Les douleurs sont des folles ! Le remords lui-même est sans réalité, puisque le péché n'est qu'un produit de l'imagination. Croyez tous que vous êtes triomphants, parfaitement heureux, parfaitement justes, que tous vos amis sont sincères, que partout règnent la bonté et le bonheur, — et la bonté et le bonheur régneront.

Mark Twain a voulu s'attaquer à l'optimisme religieux de Mary Eddy, comme deux siècles avant lui Voltaire s'attaqua à l'optimisme philosophique de Leibnitz. Mais la soif de bonheur est si impérieuse chez les hommes que l'humoriste anglo-saxon manqua fausser sa plume dans l'aventure. Quant aux railleries de Voltaire, elles n'empêcheront jamais aucun de nous d'espérer en

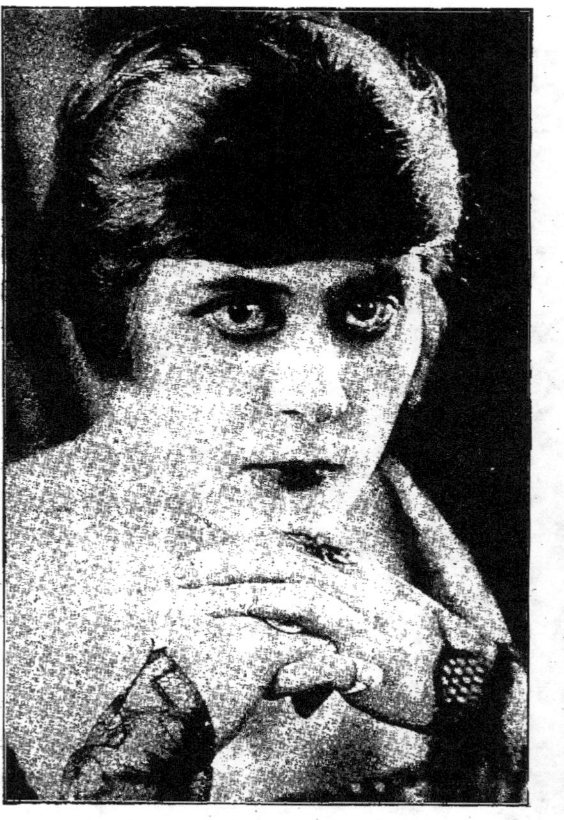

THEDA BARA.
...la lente mimique de la vedette... (page 9)

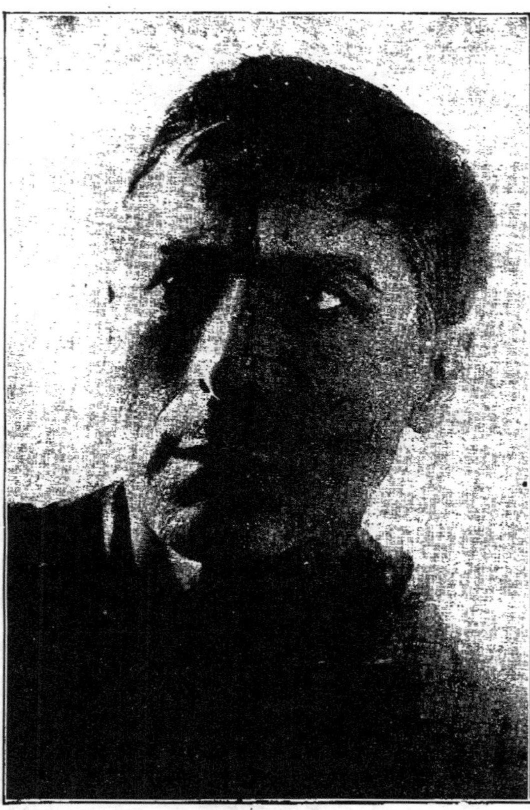

WILLIAM HART.
Son œuvre est un cycle... (page 12)

DOUGLAS FAIRBANKS, MARY PICKFORD ET CHARLOT.
Leur sourire les a faits ce qu'ils sont... (page 14)

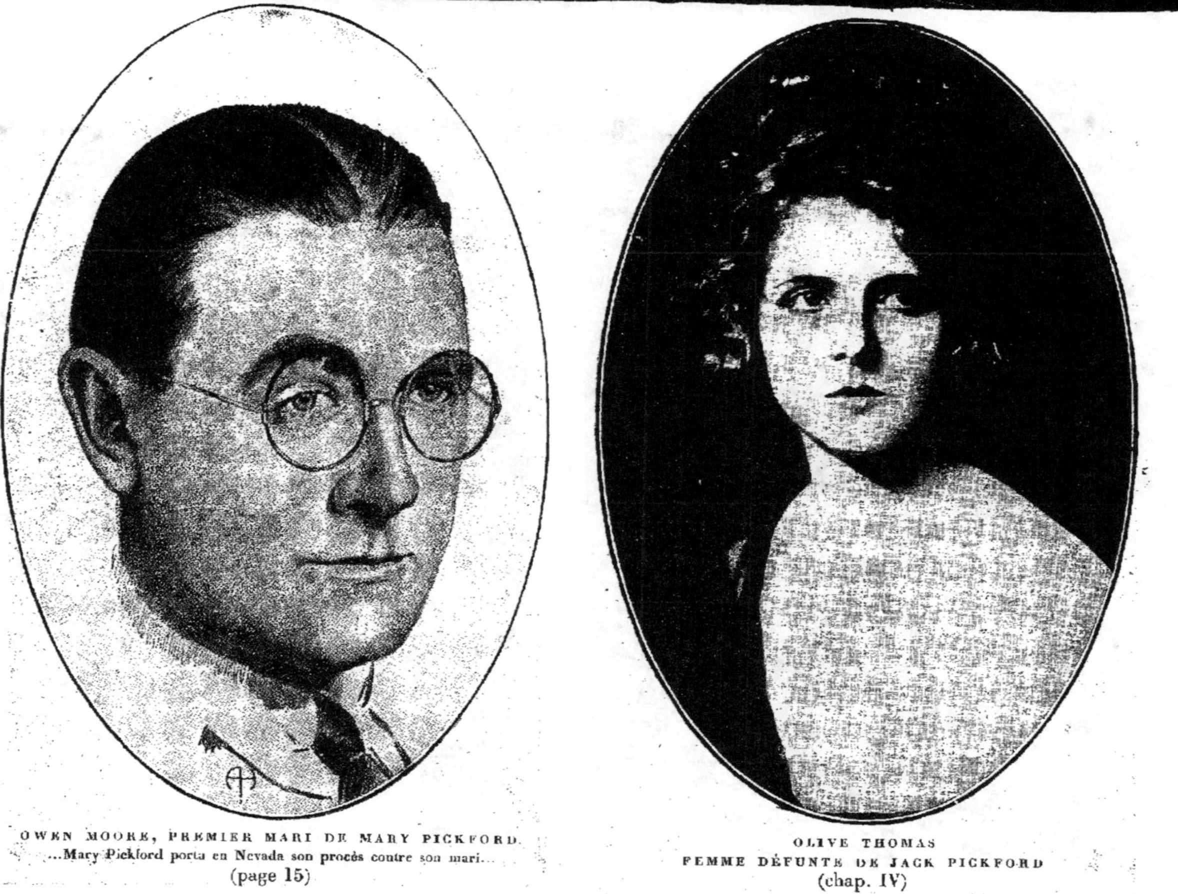

OWEN MOORE, PREMIER MARI DE MARY PICKFORD.
...Mary Pickford porta en Nevada son procès contre son mari...
(page 15)

OLIVE THOMAS
FEMME DÉFUNTE DE JACK PICKFORD
(chap. IV)

MILDRED-HARRIS-CHAPLIN.
Du coup la petite figurante devenait étoile... (page 20)

MANON.
Trois mois plus tard elle était célèbre, riche, mondiale... (p. 24)

des lendemains toujours pleins d'illusions et de situer inlassablement le meilleur des mondes dans un lendemain sans cesse décevant. Mais cet optimisme de Leibnitz était celui d'un athée qui prétend que tout doit se terminer pour le mieux dans ce monde, parce qu'il ne peut y avoir de règlement de comptes dans l'autre. L'optimisme théiste de la *Christian-Science*, par contre, est extrait des pages même du Nouveau Testament, vers l'interprétation nouvelle duquel les Américains se sont rués par centaines de mille. Au culte des béatitudes terrestres, ils ont voué des temples par centaines, consacré des fonds de propagande par millions. Si bien qu'aujourd'hui, vingt ans à peine après la mort de la prophétesse, trois millions de *Christian-Scientists* chantent l'optimisme dans plus de trois cents temples. L'interprétation pessimiste de l'Évangile par les apôtres a nécessité trois siècles de martyre, pour faire le chemin que le cathéchisme optimiste de Marie Eddy a parcouru en trois décades, — et les premiers adeptes de Jésus n'étaient que des esclaves et des mendiants, tandis que la grande secte néo-chrétienne de Boston se recrute parmi les familles les plus riches et les plus considérées d'Amérique. Encore cent ans d'une telle propagande et l'humanité entière sera *christian-scientist*. Douglas et Mary le sont depuis leur premier film : succès oblige.

V

CHARLIE CHAPLIN OU LA TRAGÉDIE CHEZ LE COMIQUE

J'ai connu dans la vie le type même de celui que, depuis quinze ans, Charlie Chaplin immortalise. Celui-là fut mon unique ami. Dès les bancs du collège, il amusa ses camarades pour les farces desquels il était invariablement puni. Cornet d'encre, boulette de papier mâché, hanneton traînant un fil à la patte ! C'était toujours lui le coupable. Après cinq échecs au bachot, il trouva la situation de gérant dans un journal pour rire. Le lendemain de son entrée en fonctions, il était emprisonné pour un article indécent qu'il n'avait pas lu, mais duquel il était légalement responsable. Sa guigne était invraisemblable, hilarante. La grippe, la jaunisse, le mauvais rhume le visitaient périodiquement. Transporté à l'hôpital à la suite d'une entorse, il fut par erreur étendu sur la table d'opération, où on lui ouvrit le ventre. Il devint chauve après l'application d'une lotion capillaire par un coiffeur en renom. S'étant aventuré sur le fauteuil d'un dentiste, il se vit extraire quatre incisives parfaites par le praticien devenu soudain fou et qui le poursuivit jusque dans la rue en brandissant une pince sanglante.

Il ne riait jamais, mais sa vue faisait

rire les autres. Il avait une face contractée, des gestes saccadés, une démarche raide. Quand il pleurait, il devenait plus risible encore. Dans quelques circonstances, il se comporta mieux qu'en honnête homme : il prit la défense du faible, respecta la femme d'un ami, paya des dettes d'honneur. Mal lui en prit. Il passa pour « poire » et on riait davantage. Mais il parvint au haut comique quand, ayant été volé par un pickpocket, il fut arrêté au lieu et place de son voleur, traduit en jugement et condamné. Il ne dut l'application de la loi Bérenger qu'au fait d'avoir fait rire ses juges, qui lui dirent : « Allez ! Mais ne recommencez plus vos farces ! » Comment pouvait-il ne pas recommencer? Il se maria, fut battu et dut se déclarer content. Quelques mois après le passage d'un cirque marocain, il devint père d'un enfant noir. Je l'ai vu promener le petit moricaud. Toute la ville riait.

La guerre vint. La destinée voulait que le « comique » fût au premier rang de la grande tragédie. A Charleroi, sur la Marne, à Soissons, à Verdun, il faisait rire au plus fort de la bataille. Il fit rire sa section, son bataillon, les cuistots, le major, le régiment, le général. La mort elle-même lui préparait une fin comique. Son corps, à la suite d'une explosion de mine, fut projeté intact au sommet d'un arbre où, fiché dans une position risible, invraisemblable, il semblait se contorsionner encore pour faire rire. Tant que sa compagnie garda la tranchée, on ne se moqua pas trop, parce qu'il avait été brave et qu'on l'avait connu vivant ; mais à la relève, les nouveaux venus s'en donnèrent à cœur joie. Il fut Julot, Gugusse, le spectre du père Dupanloup des chansons de marche grivoises. Il se dessécha, se momifia. Il n'en était que plus drôle. Un matin d'hiver, comme il était blanc de neige, on le baptisa Footit, du nom d'un clown célèbre. Les artilleries adverses semblaient le respecter pour qu'il pût faire rire par delà la vie. On ne le descendit de son arbre qu'au jour de l'armistice.

Je n'ai jamais été plus triste que le jour où je pénétrai dans le studio de Charlie Chaplin. J'allais y tourner un bout de rôle avec un figurant qui me dit :

— On m'a baptisé Pompon, parce que je dis « pompon » entre chaque phrase... Il faut avoir une originalité pour réussir... pompon... Quand je prononce « pompon », mon double râtelier se décroche automatiquement et projette mon bouc en avant... pompon... Avez-vous rien vu de plus drôle? Nous allons composer tous deux une scène qui ferait rire un mort !...

Le directeur nous explique :

— Vous êtes deux hommes de loi, deux notaires qui venez apprendre à Charlot qu'il a fait un héritage. Vous arrivez dans la calèche qui est là-bas, au tournant. Devant la porte, la voiture s'arrête. Cet homme (le directeur désigne un troisième personnage) est le valet. Il vous reçoit. Vous descendez naturellement et vous marchez vers M. Chaplin, qui sera là, sur le pas de la porte. C'est tout. Allez et ne sortez pas du champ de l'objectif.

L'épisode est simple, mais Pompon a des idées d'embellissement :

— C'est l'occasion de notre vie... pompon... Pensez-vous que nous descendrons naturellement?... Non pas !... Nous enfoncerons nos melons l'un sur l'autre sur le crâne du valet ébahi... pompon... Et j'enlève ma pipe de ma bouche pour la coller dans la sienne déjà ouverte par la stupéfaction...

Et les gestes s'accomplirent comme nous avions décidé. « Le photographe rigole ! C'est le succès ! » me souffle Pompon, tandis que nous avançons vers Charlot qui nous attend sur le pas de la porte, canne en main, ses godillots immortels aux pieds. Nous nous inclinons. C'est la fin de l'épisode.

— Stop ! crie le metteur en scène.

Nous attendons des félicitations, mais la voix directoriale glapit :

— Dites donc, les deux notaires, êtes-vous devenus fous? La manie des grandeurs, alors? J'ai dit : *Descendez naturellement!* Reprenez votre pipe, vous, l'homme à la barbiche, et ne la mettez plus dans la bouche des autres pour leur passer des maladies contagieuses ! Allez, recommencez ! Et en vitesse ! Nous n'avons pas de temps à perdre !

Nous recommençons la scène, exempts de fantaisie cette fois, mais pleins d'amertume. Le soir, en regagnant Los Angeles, Pompon me disait :

— Partout, c'est la même chose... pompon... chez Dudule, chez Fatty, chez Charlot, le star se réserve tout l'écran pour lui seul... Et cependant mon bouc... pompon... est autrement risible que la moustache de Chaplin !... pompon... Ils le savent et ils veulent étouffer mon talent... pompon... Mais ça ne lui a pas porté chance au « grand comique »... pompon... Et je souhaite qu'il lui arrive chaque semaine une sale histoire, comme celle de son mariage ...

Voici la sale histoire :

Il y avait une fois un « grand comique » qui n'était pas marié et qui était très riche. Il y avait une « petite figurante » qui était très pauvre et qui avait une mère très ambitieuse. « Ma fille épousera le grand comique ! » disait celle-là. Mais le grand comique était très difficile à approcher parce qu'il se méfiait de tout le monde. Il vivait seul, inabordable. Mais la mère de la petite figurante possédait le génie matrimonial. Un beau matin, le grand comique, qui ne boit jamais, se réveilla avec un terrible mal aux cheveux dans un hôtel d'Hollywood. Il s'aperçut avec stupeur qu'il n'était pas seul dans son lit. En vain cherchait-il à rassembler ses souvenirs, quand Madame mère parut, flanquée de deux détectives et lui apprit qu'il devait au plus tôt épouser la petite figurante. Un instant le grand comique songea à résister, mais ses avocats eux-mêmes lui déconseillèrent un procès qui pouvait ruiner sa popularité. (La foule yankee ne badine pas avec les « sales histoires » d'un homme riche, celui-ci fût-il la victime d'un chantage !) Le grand comique épousa. Du coup, la petite figurante devenait étoile pour son propre compte. Elle devenait aussi divorcée, car quelques mois plus tard Madame mère accusa son gendre de... battre sa fille et de lui refuser de quoi manger (*sic*). Le grand comique était trop triste pour se défendre. Il paya quelques millions de pension alimentaire. Pompon voyait dans cet avatar l'effet d'une vengeance divine.

Pauvre Pompon ! Sa carrière cinématographique devait se trouver interrompue d'une tragique façon. Le lendemain même de notre journée chez Charlot, Pompon, en incarnant Trotsky dans un épisode révolutionnaire, tomba sur le couteau rouillé d'un bolchevik. La gangrène se déclara. Il fallut couper la jambe du pauvre diable. Je l'ai revu depuis. Il ne lançait plus son « pompon » traditionnel, et sur son bouc, désormais immobile, de grosses larmes roulaient. Il avait perdu tout espoir de faire rire.

Oh ! Figaro, la comédie n'est-elle qu'une répétition d'épisodes tragiques autour d'une même victime? Hâtons-nous d'en rire devant le film ou dans la vie, de crainte d'être obligés d'en pleurer.

VI

SPLENDEUR ET MISÈRE CINÉGRAPHIQUES

Los Angeles, ville aujourd'hui d'un million d'habitants, se prolonge vers la mer ou la montagne par une soixantaine de studios. Dans *Universal-City* — ces ateliers de prises de vues forment une véritable ville avec une banque, un restaurant, une poste, des boutiques, — j'ai vu tourner 20 compagnies à la fois, ce qui nécessitait la mobilisation de 20 directeurs, 40 opérateurs, 100 électriciens, 300 charpentiers et 600 interprètes (sans compter les figurants).

Mais *Universal-City* englobe encore des campagnes. Un village européen offre à l'objectif le décor de son église romane, de sa fontaine, de ses rues tortueuses. Le metteur en scène souhaite-t-il l'Orient? Le voici, avec ses maisons mauresques, son minaret, ses cours intérieures où chantent des jets d'eau. Le studio possède aussi des serres où le régisseur empruntera la flore qui garnira de grenades le jardin espagnol, de cactus le coin de Riviera, de lianes le sentier de forêt vierge de fleurs, impressionnistes la terrasse hindoue ou chinoise. Une ménagerie cinégraphique renferme : trois éléphants qui porteront la chasse du rajah ou figureront dans le drame du cirque ; dix chameaux qui formeront la caravane à la lisière du désert californien tout proche ; douze grands fauves qui reconstitueront la jungle ; une meute de chiens esquimaux anxieux de prendre la tête du traîneau canadien qui, à trois heures de là, peut glisser sur les neiges éternelles des Rocheuses. Il faudrait décrire aussi les singes savants qui se refusent à parler parce que le langage humain déguiserait les pensées sincères qu'ils miment.

Et quel choix dans la figuration ! L'Arizona et ses réserves d'Indiens pur sang sont à deux pas. Désirez-vous des Mexicains? Par milliers, tous les ans, ils passent la frontière. Los Angeles possède un quartier japonais et la main-d'œuvre agricole des environs est fournie par une immigration chinoise. L'Italie est à portée, dans la boutique du barbier, du savetier, du cireur de chaussures Dans le cabaret voisin, ces joueurs de dés, c'est toute l'Espagne, celle des hidalgos et des conquistadors. Des colporteurs syriens, arabes et juifs formeront des groupes sémitiques indiscutables. L'atmosphère bolchevik vous tente-t-elle? Louez pour un jour les émigrants russes occupés à faire la récolte des oranges ou des abricots dans les vergers de Pasadena. Si vous voulez l'Afrique, elle est présente avec ces nègres gentlemen qui, aisément redevenus sauvages, mimeront pour votre opérateur la danse fétichiste de leurs ancêtres. Dans Los Angeles, l'Orient donne la main à l'Occident, la race noire se mêle à la rouge, tous les siècles se coudoient dans les décors de toutes les contrées, à portée de tous les accessoires.

Comment de tels studios (où des sommes de cent mille à un million de dollars sont mises pour une seule production à la disposition d'un directeur) peut-il encore sortir autre chose que des chefs-d'œuvre? Et pourtant, quelle médiocrité quelquefois ! Est-ce la faute de l'interprétation? Certes non. Les acteurs du ciné américain sont bons, très bons. Au plus humble d'entre eux, on peut demander une variété d'expressions que l'on ne trouve pas toujours dans le jeu de nos vedettes d'Europe. Dès le premier jour, le régisseur yankee a compris que le meilleur interprète de scène peut faire un détestable interprète d'écran. On devient artiste théâtral, mais on naît artiste cinégraphique. Chaque année, davantage, le film du Nouveau Monde recrute ses premiers rôles sans égards pour les succès que des artistes ont obtenus ou n'ont pas obtenus dans une carrière théâtrale précédente. Bientôt le chemin du ciné seul mènera l'artiste à la gloire du ciné. Et les opérateurs? Ils sont presque parfaits, tous d'importation latine, d'ailleurs. Alors, d'où vient le manque de perfection du film américain? De l'insuffisance de ses scénaristes et de ses directeurs. Les premiers ne se sont pas encore rendu compte que le découpage d'un bon scénario exige autant de pensée que l'écriture d'un bon roman ou d'une solide pièce. Quant aux metteurs en scène, l'Amérique, pays de spécialistes par excellence, ne produit qu'exceptionnellement ces hommes qui, à la précision du technicien, au calcul de l'économiste, au brillant de l'artiste doivent joindre cette large culture générale qui est indispensable au vrai directeur cinégraphique.

Certes, qui donc, en lisant les magazines yankees, n'a pas rêvé d'aller tenter en Californie les mines d'or du ciné? C'est qu'elles sont éblouissantes ces carrières de vedettes qui, hier encore, laveurs de vaisselle comme Fatty ou sténographes comme Pickford, se réveillent, au pays du film, avec un million de dollars d'appointements, quand ce n'est pas davantage! Et ces directeurs payés des 20 000 francs par semaine pour crier dans un mégaphone! Et ces photographes, qui ramassent des 200 dollars hebdomadaires à simplement tourner le « moulin à café »!

Mais avez-vous compté le nombre exact des metteurs en scène qui, à Los Angeles, sont certains de diriger pendant les quatre saisons? A peine vingt! Et combien d'opérateurs en pied, protégés contre le chômage toujours possible? Peut-être dix! Certes les étoiles, les fameuses étoiles, au nombre d'une soixantaine, touchent, par contrats de cinq ans et plus, des salaires minimum de 1 000 dollars par semaine, d'un bout de l'année à l'autre. Mais derrière ces soixante privilégiés, avez-vous découvert la foule besogneuse des autres interprètes, acteurs engagés à la semaine et figurants engagés à la journée? Ah! la rude école que la carrière cinégraphique, là-bas, et pour l'artiste, et pour le metteur en scène, et pour le photographe! La tournée des studios sur les routes brûlantes de la campagne californienne! Et le *nothing doing* des directeurs des engagements! Et les espoirs et les désespoirs! Une page intime éclairera mieux encore les hauts et les bas de la vie au pays du film... Un homme est excusable de raconter une bonne fortune, lorsqu'en fin de compte sa bonne fortune fut mauvaise... On m'excusera.

Elle était née à la Nouvelle-Orléans, de souche française. En dépit du féminisme américain, elle conservait intacte toute la féminité latine. Ses cousines de race yankee étaient indépendantes, orgueilleuses, pratiques, impitoyables, stoïciennes, comme l'existence du Nouveau Monde. Elle était tout l'opposé, et il lui suffisait de penser à elle-même pour, sans effort, offrir à l'objectif la traduction des plus touchantes émotions humaines. Depuis trois ans au pays du film, elle luttait bravement, mais elle n'avait jamais trouvé à incarner que des personnages médiocres. La « loi des types » l'avait classée dans les soubrettes et les directeurs ne lui confiaient que des rôles de « bonne ».

Encore si ces obscures interprétations lui eussent permis de manger à sa faim ! Mais c'est à peine si elles lui procuraient une semaine de travail par trimestre. Cent dollars pour vivre trois mois ! Sa misère était infinie. En Louisiane elle avait été sténographe, un métier régulier et qui lui permettait la vie d'un être humain. Elle eût pu retourner à son ancienne profession, mais les sacrifices déjà consentis pour paraître sur l'écran étaient tels qu'elle n'aurait pu renoncer à ses premiers espoirs. Elle eût pu tourner comme extra (un figurant qui travaille est autrement enviable qu'un acteur qui chôme), mais au pays du film, quiconque a obtenu, ne fût-ce qu'une fois, un engagement d'*acteur à la semaine*, se voit désormais condamné par dignité professionnelle à ne plus rien accepter dans *la figuration à la journée*, et ce sous peine d'irrémédiable déchéance. Elle était mon amie et sa situation me dicta un jour des paroles injustes :

— Parce que vous avez tourné comme actrice, vous refusez du travail comme figurante. Il vaut mieux faire une vingtaine de dollars hebdomadaires comme extra, que de mourir de faim en attendant un rôle. Pourquoi ne retournez-vous pas à votre machine à écrire?

— Vous avez peut-être raison, me répondit-elle. Mais je veux tenter l'impossible une fois de plus. Vous avez découpé un scénario. Confiez-le-moi. J'irai le porter à un grand directeur

Le lendemain soir, quand elle revint de chez le grand directeur, elle avait une expression inconnue sur le visage.

— On a refusé mon scénario, naturellement? demandai-je.

— Oui, mais le grand directeur m'a fait une offre...

— Je comprends. Et quel est le prix de l'infamie?

— Le grand directeur ferait de moi une étoile.

Je connaissais la réputation du grand directeur. Il est un de ces rares hommes qui ne mentent pas aux femmes. J'avais une tendresse profonde pour elle. D'ailleurs, j'étais l'homme pauvre auquel l'homme riche enlève sa compagne, comme au temps des cavernes le mâle fort arrachait la femelle au mâle faible. Je dis :

— N'hésitez pas à accepter. Je m'en irai.

Elle était née à la Nouvelle-Orléans, dans cette vieille maison où des Grieux, pour la dernière fois, avait serré dans ses bras Manon, à l'épisode final de la Louisiane. L'espace d'une manifestation d'occultisme, nous vécûmes avec les deux morts. Nous tombâmes dans les bras l'un de l'autre. La sentimentalité du dix-huitième siècle mêla les larmes qui baignaient nos visages. Nous nous fîmes des adieux déchirants, parce que nous savions que jamais plus la loi des castes cinégraphiques ne permettrait à l'obscur figurant d'approcher la rayonnante étoile.

Trois mois plus tard, elle était célèbre, riche, mondiale. Vous la connaissez, vous l'avez contemplée dans la gloire de l'écran. Elle s'appelle... Mais, jusqu'au bas de cette page anonyme, nous l'appellerons encore Manon.

VII

KALIKAO

Ce jour-là, je tournais avec Kalikao. Le soleil se montrait fantasque. Nous avions des loisirs. Mon vieil ami le vagabond était loquace. Il parla :

« Toi, poteau, tu es arrivé à Los Angeles par le train. Moi, j'ai débarqué ici d'un bateau. Il y a très longtemps, vingt ans peut-être. Tu ne connais pas l'Argentine? Beau pays, belle capitale et des établissements de charité!

« Si le bonheur consiste dans cette impression que rien de pire ne saurait arriver, j'ai connu le bonheur à l'asile de nuit de la rue Viamonte. Là, à la lisière des banlieues, dans une construction coloniale — patio ombreux, toit en terrasse, dalles de briques, murs de crépi — la pitié de la colonie française de Buenos-Ayres entretenait deux douzaines de lits. Il suffisait de venir sonner, au crépuscule, à la porte de la maison des pauvres et de demander un gîte en français, en basque ou en béarnais, pour devenir aussitôt usufruitier d'un vrai lit avec un matelas, des couvertures, un oreiller. Cette béatitude s'accompagnait de l'usage d'une petite buanderie où l'on pouvait, le soir, laver au savon son unique chemise que l'on retrouvait propre et sèche, au matin.

« A l'asile de la rue Viamonte, il y avait aussi la soupe au poivre. Une surabondance de *pimento* argentin y remplaçait le jus de viande absent et éveillait durant tout le jour dans nos estomacs rétrécis une soif qu'on trompait avec de grands coups d'eau, aux fontaines publiques. Il y avait les *poteaux*, rue Viamonte. Ceux-là, le règlement les envoyait dès l'aube, par la ville, où ils étaient censés se mettre en quête de travail. Je n'ai jamais remarqué qu'un seul d'entre nous fût anxieux d'en trouver : la diète de l'asile entretenait suffisamment des efforts physiques dont le plus grand consistait à s'asseoir sur les quais de la Bocca ou à se vautrer sur les bancs du bois de Palerme.

« En cet automne de l'année... je ne me souviens plus laquelle... parmi les *poteaux* de la rue Viamonte, il y avait l'Apôtre : sa bonté infinie économisait sur son pain des miettes pour les moineaux et j'ai vu ses invraisemblables savates faire un détour pour éviter l'écrasement d'un insecte. Il y avait le Marquis : il l'était, authentique au point de s'estimer trop tard venu dans sa lignée pour introduire l'habitude du travail chez une famille qui depuis cinq cents ans n'avait jamais rien fait. Il y avait l'Arbi, un lettré, fils de grands bourgeois, mais à qui le souvenir de vingt années de travaux publics avait laissé des opinions sociales avancées : on en aurait à moins. Il y avait l'Avocat, qui s'était volontairement retiré de la société des justes, ces bourreaux! Il y avait aussi Soucoupe, un ancien garçon du café de la Paix qui, soudain pris du goût des aventures, avait dénoué son tablier pour aller rouler des Rocheuses aux Andes, du Transvaal à la Polynésie.

« Autour de ces types de vagabonds volontaires se groupaient d'autres déchets sociaux inconscients et d'un moindre intérêt : libérés de prison, déserteurs de navires de commerce, ivrognes, joueurs et autres victimes de leurs vices. Or, depuis trois mois, la clientèle de l'asile ne s'était pas renouvelée. Trois mois de séjour dans un même décor représentent le maximum de vie sédentaire qu'on puisse exiger d'un véritable vagabond. Déjà chacun de nous entendait à nouveau l'irrésistible appel de la route. Mais où aller? L'Argentine est un cul-de-sac. Tous, tant que nous étions, avions visité l'Amazone et la Patagonie, le Paraguay et le Venezuela. L'Amérique du Sud n'offrait plus aucun intérêt pour les pensionnaires de la rue Viamonte. Il nous fallait changer de continent ou tout au moins d'hémisphère. Or, un soir, comme on lapait la soupe au poivre, Soucoupe annonça : *Ouvrez un peu vos esgourdes, les mecs! Samedi prochain un vapeur américain part, direct pour San-Francisco, en passant par le Magellan!*

« Les cuillers s'arrêtèrent, en suspens. La nouvelle, quelconque pour des voyageurs ordinaires, offrait pour nous un intérêt exceptionnel. Le Marquis le précisa : « Ce qui signifie qu'en se cachant « à bord, on arriverait en père Peinard « chez les Yankees, au lieu de subir le « traditionnel débarquement à Montevideo ou à Rio de Janeiro. » Car de mémoire de stowaways (c'est le nom donné par les Anglo-Saxons à ces passagers non payants et indésirables) personne n'avait souvenir qu'un *poteau* eût jamais pu s'introduire sur la ligne, sans voir son voyage gratuit infailliblement interrompu par une mise à terre prématurée, en Uruguay ou au Brésil. Mais cette fois-là, par la grâce de Dieu et pour le profit des vagabonds, les escales se trouveraient brûlées entre la Plata et les États-Unis... L'Avocat dit : « Ici, « l'hiver va commencer avec des nuits « froides. »

« L'Apôtre ajouta : « En Californie, au « contraire, c'est déjà le printemps qui

« fait mûrir les abricots ! » Chacun allait confier son rêve de débarquer là-bas, sur des rives nouvelles, quand l'Arbi, d'une voix sèche, ramena tout l'asile à la réalité : « Ne vous bourrez pas le « crâne, les gonzes ! A l'heure de l'ap- « pareillage, toutes les entrées seront « gardées ! Et celui qui parle de s'em- « barquer en réfractaire n'est qu'un pur « bonimenteur ! »

« Ce soir-là, on se tut. Pourtant le lendemain, le « pur boniment » se glissa à nouveau dans les propos de table. « C'est quelque chose de bath, l'Amé- « rique du Nord ! soupirait l'Avocat. Il « paraît que Chicago s'honore de possé- « der un asile épatant ! » Tandis que le Marquis gouaillait : « Vous savez, les « mecs, on trouve des pépites, en Cali- « fornie ! Cette histoire qu'on s'enrichi- « rait ! » Mais c'est Soucoupe qui porta le coup droit : « Moi, les copains, j'ai « repéré le rafiau. C'est le *Washington*, « un cinq mille tonnes. Il est amarré « dans le deuxième bassin. » J'avais repéré, moi aussi, le navire, mais je n'en disais rien. Et j'eus l'impression que chacun des vingt-cinq pensionnaires connaissait aussi exactement que moi l'emplacement du vapeur et l'heure de son départ, et la couleur de sa coque, et le nombre de ses passerelles. Mais tout l'asile semblait avoir à cœur d'afficher une parfaite indifférence pour le départ du lendemain, et l'Arbi eut à peine besoin de menacer du titre de *ballot* tout aspirant passager sur le *Washington*, pour qu'aussitôt partissent des paroles déconseillant à l'avance la moindre tentative d'embarquement clandestin sur le providentiel navire : « Y a-t-il quel- « qu'un assez gourde pour aller rôder « autour du rafiau?... Ce n'est pas moi « qui perdrais mon temps à une pareille « affure !... Ni moi non plus... Moi, je « dis que jamais un soutier ne cacherait « un stowaway à bord !... Quant aux « cuisiniers, n'en parlons pas !... Des « vaches que le fourneau rend orgueil- « leux !... Et le capitaine d'armes qui a « l'œil aux entrées !... Le poteau qui se « présente sans billet est remis aussitôt « entre les mains des *Vigilantes*... Et « le voyage, dès le début, se terminerait « en boîte argentine... N'en parlons « plus ! »

« On n'en parla plus. Mais au matin de l'appareillage, au sortir de l'asile, je remarquai qu'au lieu d'aller traîner par les rues, comme d'habitude, par groupes de trois ou de quatre, chacun des vagabonds tirait de son côté sous des prétextes divers, dont le moins invraisemblable n'était pas celui de l'Arbi, qui déclara : « Je vous lâche, les mecs ! Je « vais voir pour du travail en ville. » Quant à moi, j'avais pris hypocritement un chemin détourné, mais qui vers les onze heures et demie, m'amenait en plein sur les quais du deuxième bassin. Par la passerelle de l'avant, les derniers « troisième classe » achevaient de franchir le rigoureux contrôle. Dans le salon des passagers de cabine, les hommes riches buvaient la traditionnelle bouteille de champagne à la santé du voyage. Une lettre à la main, l'air affairé d'un commissionnaire qui cherche un voyageur en dernière heure, j'étais entré par la coupée des premières. Ensuite, traverser la salle à manger, gagner le quartier des secondes, puis de là, sauter dans la foule pauvre de l'entrepont, devenait chose facile. Quinze minutes plus tard, ce fut le coup de cloche de l'appareillage ; les câbles d'amarre glissèrent, l'ancre remonta, la sirène siffla ; le *Washington* passait dans le premier bassin ; bientôt il sortit du port, entra dans le courant du fleuve ; les quais ne furent plus qu'un jouet minuscule où des personnages miniatures agitaient des mouchoirs de poupée. Alors je respirai. Mais la certitude joyeuse que j'avais maintenant d'arriver à bon port à San-Francisco, n'excluait pas un vague remords de mon hypocrite départ de la rue Viamonte. C'était plutôt moche d'avoir filé, ainsi, sans même un adieu aux poteaux ! J'en étais à ruminer cette pensée, quand soudain la barbe inculte de l'Apôtre s'étala devant moi : nous étions donc deux à avoir mis les voiles en douceur ! Mais nous n'avions pas fini de nous féliciter que d'une barque de sauvetage émergea la face chafouine de l'Arbi, celui-là même qui avait déconseillé si violemment aux autres un départ clandestin. De la cuisine proche une odeur de soupe aux choux se répandait dans l'entrepont. Elle décida Soucoupe à sortir des latrines où un mousse pitoyable l'avait dissimulé. Dix minutes ne s'étaient pas écoulées qu'à son tour, le Marquis, changé en nègre, remonta de la soute où la complicité d'un soutier l'avait fait entrer en même temps que le dernier sac de charbon. Quand on sonna au dîner, nous étions tous au complet, les vingt-cinq vagabonds de l'asile ! Car chacun de nous s'était embarqué sans en rien dire aux autres, de crainte qu'une confidence ne suscitât des tentatives analogues qui eussent amoindri d'autant la chance individuelle !

« L'Arbi résuma la situation : « C'est « franc ! » Le capitaine d'armes fut franc, lui aussi. Appréhendés, nous fûmes répartis entre les différents services du bord. L'Apôtre reçut mission de gratter le pont, Soucoupe et le Marquis furent délégués à la vaisselle. L'Arbi et l'Avocat aidèrent les charpentiers. Quant à moi, découvert le dernier, quand l'exaspération de l'autorité était à son comble, je fus offert comme esclave aux démons noirs de la chaufferie. Ils n'étaient pas trop mauvais bougres et me firent partager leur table en même temps que leur labeur. Je n'en fis pas moins, chaque jour, mes deux quarts réguliers, à fond de cale, dans l'atmosphère irrespirable de la soute, avec le manchon d'air glacé dans le dos. Quand enfin, après avoir longé la Terre de Feu, franchi le Magellan, remonté dans l'hémisphère nord, — plus de cinq semaines de voyage! — le *Washington* accosta les quais de San-Francisco, les vingt-cinq vagabonds de la rue Viamonte furent les premiers à toucher terre, avant les passagers payants et l'équipage payé... En ce temps-là, il n'était pas encore besoin de passeport pour courir le monde... Nous nous séparâmes pour aller au-devant de nos destinées réciproques, librement.

« Moi, je suis descendu de Frisco jusqu'ici, à pied. Il n'y avait plus de mines d'or dans la Californie du sud, mais on venait d'y découvrir le pétrole. J'ai foré des puits. Ensuite, c'est le ciné qui est venu. J'aime ce coin de terre qui me rappelle un peu la France. J'ai jeté l'ancre. D'ailleurs, je suis trop vieux pour aller de l'avant. Je crèverai au pays du film en tournant dans les foules pauvres. »

Le soleil daignait enfin reparaître. Les régisseurs, à coups de gueule dans les mégaphones, ralliaient les figurants pour l'épisode belliqueux. Nous figurâmes.

. . . .

Au matin de cette bataille j'ai reçu, pour avoir vécu un peu la guerre ailleurs, le commandement d'une compagnie. Mon sergent (l'Amérique seule offre l'exemple de semblables faillites !) n'est autre qu'un ancien directeur de l'*Universal* retombé, pour une faute professionnelle quelconque, au rang des extras à sept dollars par jour. Ma troupe est composée de Sammies qui, sur le front, ont perdu le goût du travail régulier et qui, démobilisés et acteurs d'occasion, s'apercevront bientôt qu'à Los Angeles la lutte pour la vie est parfois plus malaisée que la lutte pour la mort en Argonne. J'ai récompensé le dévouement de Kalikao pour moi par les galons de caporal.

— Sais-tu qu'on refusait de me donner le « job », parce que j'ai les cheveux blancs ! Alors, pas même bon pour descendre les Prussiens dans une bataille de ciné !

Kalikao ne se consolera jamais d'avoir vu en 1914 son engagement volontaire refusé par un consulat français. Il a fait 1870 avec les mobiles de la Loire ; mais, n'ayant pu participer à la victoire de 1918, il en est encore à attendre la revanche, *sa* revanche. Il la prépare méthodiquement en ajustant la jugulaire de son képi rouge (l'épisode se passe au début des hostilités) et en chargeant de cartouches à blanc son fusil.

— Ne t'en fais pas, poteau ! Je les aurai, ces vaches de Boches !

Les « vaches de Boches » sont en train de prendre leur position de bataille, face à nous. Deux cents uhlans, tous Allemands authentiques. Des hommes de vingt-cinq à trente ans, bien en selle, sanglés dans le dolman gris, la carabine à l'arçon, le chapska sur l'oreille, la lance haute.

Sans la vigilance des escadres alliées dans l'Atlantique, ces deux cents réservistes germaniques eussent fait sonner, eux aussi, leurs éperons sur les pavés de nos villes meurtries. Ils se consolent difficilement d'avoir manqué une telle aventure. L'officier qui les commande est le cousin de Hindenburg, ce comte von K..., émigré au lendemain de l'armistice, après la chute du kaiser et la ruine de sa propre fortune. A cet extra de marque, le costumier n'a pas besoin de fournir d'uniforme : le comte von K... n'a qu'à sortir sa tenue de parade du fond de la malle avec laquelle, quelques semaines auparavant, il est venu s'échouer au pays du film.

A se retrouver ainsi entre soldats prussiens, sous le commandement d'un officier prussien, les figurants allemands sentent se réveiller toute la mégalomanie de leur race. D'ailleurs, aucun d'eux, sauf leur chef, n'a connu la défaite, pas plus que Kalikao n'a connu la revanche. Sur les chevaux qui piaffent, les cavaliers se cambrent. Astiqués, luisants, provocants, ils sont les uhlans orgueilleux d'avant la Marne. Jamais mise en scène cinégraphique ne copia de plus près la réalité.

Le mégaphone du directeur a crié le commandement : « Action ! Camera ! » Le peloton ennemi s'ébranle dans notre direction. La fusillade à blanc crépite, ponctuant de flocons blancs notre ligne. Là-bas, les opérateurs enregistrent du même mouvement régulier qu'un mitrailleur tourne sa mitrailleuse. Au trot, soulevant un nuage de poussière, les uhlans sont entrés dans le champ des objectifs.

— Capitaine, tombez ! crie la voix directoriale à l'officier prussien. Et vous, cavaliers, tournez bride !

Mais le comte von K... ne pense plus à tomber. Il a levé son sabre et, la lance basse, son peloton, au lieu de tourner bride, s'apprête à nous charger. Nos feux de salve à blanc redoublent, sans causer aucun vide dans les rangs de l'adversaire. Le directeur hurle, cette fois :

— Mais tombez donc, les Allemands ! Tombez ! Vous êtes morts, tous morts !

Les uhlans n'entendent pas le mégaphone ou ne veulent obéir qu'au commandement de leur officier qui, debout, sur les étriers, a lancé le cri de *Vorwærts!*

Au grand galop, contrairement au thème de l'épisode, les réservistes allemands nous arrivent dessus, menaçants. Je vois Kalikao, les yeux hors de la tête et qui croit que c'est arrivé, sortir de notre tranchée précaire, et, au mépris de toute stratégie, s'élancer, baïonnette au canon, contre la cavalerie adverse. D'autres capotes bleues imitent ce geste instinctif. Quelque chose de stupide, d'absurde, de fou va se passer. J'essaie moi-même de raccrocher mes pensées à la réalité. Je crie : « Garez-vous ! » Il est trop tard. Le peloton est déjà sur nous. Je suis bousculé par une monture. Avant de rouler à terre, j'ai la vision des deux troupes accrochées : un pêle-mêle de chevaux et d'hommes, des sabres allemands qui retombent sur les képis rouges, des crosses françaises qui aplatissent les chapskas. Dix minutes de vraie bataille s'écoulent avant que les régisseurs accourus puissent enfin séparer les combattants. Le directeur, furieux, s'adresse au comte von K... :

— Avec cette fausse manœuvre, vous nous faites perdre tout un après-midi ! Je vous avais pourtant dit de tomber, pendant que vos cavaliers tourneraient bride !

Alors le cousin de Hindenburg répond avec quelque insolence :

— Je regrette ma méprise. Mais mes uhlans ont soudain oublié que l'épisode se passe en 1914... J'ai cru que nous étions déjà en 1930... et vainqueurs.

Il faut prendre une seconde fois la scène, une scène où les réservistes prussiens doivent enfin accepter le rôle des vaincus. Alors seulement, quand il a bien vu les deux cents uhlans tourner bride ou tomber, Kalikao, qui dans l'échauffourée du début a foulé sa cheville, accepte d'être évacué.

— Hein, poteau ! je les ai eus, tout de même, les Boches ! me dit-il.

Il « a eu » le studio de cinq dollars par jour, pendant les trois semaines qu'a duré son incapacité par suite d'un accident de travail.

VIII

GÉRALDINE FARRAR
OU L'HABIT FAIT LE BOLCHEVIK

Après six mois d'efforts au pays du film, je n'avais point encore réussi à sortir de la foule des extras. Et encore la première classe des figurants, les *Quarante*, me restait-elle obstinément fermée. Les *Quarante* sont à la figuration de Los Angeles ce que les *Quatre Cents* sont à la société de New-York. Mais tandis que les *Quatre Cents* sont les plus riches d'une ploutocratie américaine, les *Quarante* sont les plus pauvres d'une aristocratie européenne. Et quelle aristocratie ! Princes russes, marquis italiens, comtes français, barons allemands aussi, tous plus héraldiques les uns que les autres, blasonnés sur toutes les coutures... et fauchés comme les blés. Ne riez pas ! Ces nouveaux pauvres qui, après d'invraisemblables avatars, victimes du jeu, de la boisson, de l'amour, de la démocratie ou simplement de la guigne, ont dû quitter leurs châteaux en ruines pour émigrer au pays du film, sont les derniers représentants d'un âge où chacun restait à sa place.

La société humaine n'offre d'intérêt que dans ses castes extrêmes : l'asile de nuit ou bien dix quartiers de noblesse! Tout le reste est banal...

Un jour, comme le *casting director* du Goldwyn m'avait évincé pour la trentième fois avec un décourageant *Nothing doing!*, je me hasardai à lui demander les raisons de ma défaveur dans son studio :

— Pourquoi donc ne m'employez-vous jamais dans les épisodes mondains? J'ai pourtant un habit bien coupé?

— C'est possible, me répondit sèchement le directeur, mais pour figurer dans ces scènes à dix dollars par jour, il faut avoir un titre (*sic*).

Une heure plus tard, j'étais dans les bureaux de la *Camera*, et le dimanche suivant, contre une modique rétribution, l'hebdomadaire cinégraphique annonçait aux studios de Los Angeles qu'un quarante et unième aristocrate ruiné et authentique était venu s'adjoindre aux *Quarante* déjà existants. Sous une photo de moi, mon nom s'étalait, mais agrandi au moyen d'un titre et d'une particule. La feuille encore humide était à peine sortie des presses qu'un coup de téléphone m'appelait au Goldwyn.

— Mon cher comte, me dit un directeur soudain transformé, ce soir nous tournons l'opéra de Saint-Pétersbourg avec Géraldine Farrar et Lou Telegen. Vous serez dans la loge diplomatique.

Je fus dans la loge diplomatique en compagnie d'un prince russe que les bolcheviks avaient réduit à la figuration. Il y avait là encore un marquis vénitien et un baronet anglais. A ma droite se tenait un petit vieillard chamarré de décorations : c'était un margrave dalmate, qui commençait invariablement tous ses récits par cette phrase : « Quand j'étais chambellan de S. M. François-Joseph... » A ma gauche, avait pris place le propre cousin de Hindenburg, ce comte von K... à qui son passé de capitaine dans les uhlans valait l'honneur et le profit de toujours commander les charges cinématographiques, dans les épisodes de guerre, au pays du film. De notre loge, nous découvrions l'ensemble de la salle, garnie de douze cents extras en habit noir et robe de bal. La reconstitution de l'Opéra de Saint-Pétersbourg était frappante : dans l'avant-scène impériale, le tsar et la tsarine; Lou Telegen, dans la vie le mari de Géraldine Farrar et dans le film son fiancé, exhibait dans la loge des grands-ducs un merveilleux uniforme de chevalier-garde; Géraldine Farrar, qui avait conservé dans le scénario son rôle réel d'interprète de Wagner, chantait *Lohengrin* sur la scène.

Quand le rideau fut tombé sur la finale du deuxième acte, le mégaphone du directeur désigna le comte von K..., le margrave et moi-même pour aller, sous l'œil de l'objectif, présenter nos félicitations diplomatiques à la cantatrice. Comme nous gagnions la loge où la vedette allait recevoir nos aristocratiques hommages, le comte von K... me dit :

— Avant la guerre et son mariage avec Lou Telegen, j'ai connu Géraldine Farrar à Berlin, chez le kronprinz. Vous savez que celui-ci était très amoureux d'elle. Il a fallu l'intervention du kaiser pour empêcher que notre prince héritier n'épousât l'actrice américaine. Quand les États-Unis sont entrés dans le conflit mondial, on a tenu, ici, quelque rigueur à Géraldine de sa liaison avec le kronprinz... Comme si ces démocrates yankees ne devraient pas s'estimer honorés qu'une de leurs *girls* ait été remarquée par le fils d'un empereur !

Mais déjà le directeur nous commande : « Vous passerez rapidement devant Mme Farrar ! Lumière ! Action ! Camera ! »

Le margrave s'est incliné le premier. C'est au tour du comte von K... Mais la cantatrice l'a reconnu. J'entends la voix du cousin d'Hindenburg : *Gnädige Frau... Lustiger Potsdam... Unser liebe Kronprinz...*

L'ancien officier de uhlans s'attarde auprès de l'ancienne épouse morganatique de son maître et repris par les souvenirs, tous deux oublient le régisseur, et le scénario, et Los Angeles, et le studio de Goldwyn : ils sont là-bas, en Allemagne, en 1914. Il faut la voix directoriale pour les ramener à la réalité du film : « Mais plus vite ! Pressez ! Avec vos bavardages, vous gâtez l'épisode ! » Enfin, je puis m'incliner à mon tour devant l'étoile. Hors du champ de l'objectif, quand je rejoins le comte von K..., il me dit amèrement : « Avez-vous entendu ce goujat de directeur? Ah ! si nous étions encore avant la guerre, je lui apprendrais le respect dû à un officier allemand ! » Hélas ! le comte von K..., quelques instants plus tard, allait oublier le respect qu'il se devait à lui-même, et avec lui tous les *Quarante* allaient oublier et leur naissance, et leur passé, et leurs principes de gouvernement. Sur quelle fragile base repose l'esprit de caste !

Il est minuit et demi. Les mille deux cents figurants ont été engagés jusqu'à une heure du matin. Il ne reste plus que trente minutes pour tourner le second épisode de l'Opéra. Mais cette fois-ci, ce n'est plus l'Opéra de Saint-Pétersbourg, ce sera l'Opéra de Pétrograde. Le régime tsariste a vécu. Plus d'habits noirs, plus de robes de soirée. Les commissaires du peuple se vautrent dans la loge diplomatique. Trotsky et Lenine s'étalent dans la loge impériale. Géraldine Farrar qui, tout à l'heure encore, chantait devant des grands-ducs, des boyards, des généraux, des grandes dames, va chanter, par ordre du Soviet, devant un parterre de matelots avinés, de moujiks crasseux, d'ouvrières débraillées.

— Passez chez le costumier ! a crié

THEODORE ROBERTS.
...l'homme à l'éternel cigare. (page 36)

GERALDINE FARRAR ET SON EX-MARI LOU TELLEGEN.
Lou Tellegen, dans la vie le mari de Geraldine Farrar et dans le film son fiancé... (page 31)

THOMAS MEIGHAN, JEANIE MACPHERSON, LOIS WILSON, CECIL DE MILLE, GLORIA SWANSON ET CONRAD NAGEL.

...j'ai travaillé souvent sous les ordres de Cecil de Mille. (page 33)

LES STUDIOS DE LA FAMOUS-PLAYERS-LASKY.
Sur l'emplacement de la grange à moutons primitive... (page 35)

ADOLPH ZUKOR ET JESSE LASKY, ROIS DU CINÉMA.
Un businessman américain meurt à la table de travail. (page 38)

THOMAS MEIGHAN, LILA SEE ET WESLEY BARRY DANS " L'ADMIRABLE CRICHTON ".
Un rôle? Enfin, j'avais un rôle!... (page 35)

le mégaphone directorial à la figuration. On vous distribuera des pantalons usagés, des casquettes, des bottes, des blouses. Enfilez ces déguisements pardessus vos habits noirs. Les femmes, vous dissimulerez vos robes de bal sous de vieux châles ! Et vous vous tiendrez comme des gens qui n'ont pas l'habitude d'aller à l'Opéra ! Le contraste sera saisissant !

Le contraste est saisissant, en effet, quand, à 1 h. 10, la foule riche de tout à l'heure vient reprendre ses places sous le camouflage d'une foule pauvre... Mais il est 1 h. 10, et la prise de l'épisode ne peut être terminée avant 2 heures du matin. « Nous sommes engagés jusqu'à une heure ! crie une voix. Payez un supplément ! » Des approbations : « Il n'y aura plus de tramways ! Nous devrons rentrer en taxi ! Donnez-nous sept dollars de supplément ! » Le directeur vient calmer les perturbateurs : « Un peu de patience ! Dans cinq minutes, vous serez libres ! » Mais en cadence, déjà, douze cents figurants menacent : « Sept dollars ! Sept dollars ! » Un régisseur imprudemment jette un défi : « Vous n'aurez plus de travail ! » Alors c'est un déchaînement. Des poings se tendent : « A bas Goldwyn ! Supplément ! Sept dollars ! Sept dollars ! » Le directeur tente un dernier effort de conciliation dans la direction des loges où figurent les *Quarante*, les princes russes, les marquis italiens, les comtes français, les barons allemands : les derniers représentants de l'ordre ! Mais en endossant la tenue du peuple, ses casquettes avachies, ses pantalons sales, ses houppelandes crasseuses, les aristocrates ont adopté l'âme du peuple. Le comte von K..., l'ancien capitaine de uhlans, n'est plus qu'un matelot de Kronstadt énergumène. « Vive le Soviet ! » crie le prince russe en délire. Le petit margrave, lui-même, si conservateur tout à l'heure sous ses décorations, s'est changé en un commissaire exalté qui réclame la tête directoriale ou sept dollars de supplément. L'émeute est partout, dans les loges comme au parterre. Il faut céder. Un régisseur s'avance : « Vous aurez vos sept dollars de supplément ! » Le bolchevisme a triomphé. Alors, seulement, on peut tourner la scène...

Oh ! Brummel ! C'est dans l'habit que toutes les révolutions ont leur point de départ. Tyrans, donnez un bon tailleur au peuple et vous l'asservirez !

IX

PIONNIERS DU CINÉMA

Je n'ai jamais tourné avec le Sudiste Griffith et je le regrette. Mais par contre j'ai travaillé souvent sous les ordres d'un autre vétéran cinégraphique, le Nordiste Cecil de Mille. Dans un art qui, hélas ! ne s'épure que lentement de tant d'éléments indésirables, la figure de Cecil de Mille est inséparable d'une urbanité qui fait du directeur artistique de la *Paramount* le type le plus parfait du gentilhomme de l'écran.

C'est une belle page de l'énergie américaine que les débuts de l'art muet avec Lasky et de Mille comme pionniers. A cette époque, — l'âge héroïque du cinéma ! — l'écran ne connaissait encore que des bandes de deux cents mètres, sur lesquelles des amateurs sans scénario, sans mise en scène, gesticulaient au gré de la fantaisie d'un régisseur improvisé. Point de studios ni de lumières électriques. Les intérieurs se tournaient en plein air, avec pour tout décor des toiles tendues sur des piquets. Imaginez la venue dans le Grand-Ouest de ces deux jeunes citadins partis à la conquête du pays du film, la veille encore pays de l'or. Ils arrivent tout droit de New-York et dans quelles tristes conditions ! Il leur a fallu fuir Broadway, la grande voie étincelante où, en lettres de feu, flambent les noms des célébrités du théâtre yankee. Lasky et de Mille ont connu déjà, dans la grande cité dévoreuse d'hommes, l'orgueil et le profit des vainqueurs, Lasky comme directeur des *Folies-Bergère* et de Mille comme impresario de *Prends courage*, grande pièce musicale et optimiste... Hélas ! un vilain matin, en dépit des heureux auspices de son titre, l'affaire de Cecil de Mille s'est écroulée, laissant son auteur ruiné, sous la menace de la banqueroute, aussi brisé (*broken*, comme disent les Américains) que son confrère Lasky dont le music-hall, à la même époque, devenait la proie d'une armée de créanciers.

Que faire sinon partir pour le Grand-Ouest? Le geste équivalait alors à celui du désespéré qui de nos jours s'enrôle dans la légion étrangère. Voilà Cecil de Mille et Lasky, avec quelques dollars en poche, sur le pavé de Los Angeles. La ville-champignon naissait à peine du camp fondé par les premiers émigrants : trappeurs, prospecteurs, aventuriers de toute espèce. Mais dans leur unique valise les deux pionniers ont apporté un scénario, l'ancêtre des scénarios, découpé d'ailleurs dans une œuvre réelle. *The Squaw* (l'Indienne) devait être le premier film digne de porter ce nom, un film d'ailleurs national, qui pour les foules cosmopolites de New-York, de Boston, de Philadelphie, reconstituait la vie du Grand-Ouest yankee, les galopades de ses cow-boys, les guérillas de ses Peaux-Rouges encore insoumis, le mirage de ses terres inexplorées.

En ce temps-là, Hollywood n'était encore qu'un lieu de halte sur la route qui conduit du Pacifique aux Rocheuses. Qui pouvait prévoir qu'un jour le cinéma ferait de ce faubourg de Los Angeles le rendez-vous des royautés de l'art muet et que là, sur les contreforts sauvages, cent millionnaires de l'écran viendraient bâtir leurs somptueuses villas? Pour monter leur unique projecteur, de Mille et Lasky ont pour tout local une grange à moutons. Qu'importe ! Ils s'y installent. Une troupe de comédiens se trouve en panne aux environs : nos deux pionniers la recueillent. Un photographe ambulant passe : on le hèle. Et voilà les futurs directeurs de la *Famous Players* à l'œuvre. *L'Indienne*, vendue comptant 30 000 dollars, somme fabuleuse pour l'époque, allait servir de point de départ à cette production américaine qui, dans les États-Unis seuls, a provoqué l'établissement de 25 000 écrans et la constitution de la troisième industrie du Nouveau Monde, une industrie qui dépense annuellement plus de 200 millions de dollars pour produire 45 000 kilomètres de films. Aux États-Unis, pas moins de 2 millions d'individus vivent du cinéma, qui, dans Los Angeles seul, nourrit 60 000 êtres.

Sur l'emplacement de la grange à moutons primitive se dresse aujourd'hui le studio central de la *Paramount* elle-même. Autour a grandi une capitale cinégraphique, dont les bâtiments couvrent vingt hectares et où le plateau principal ne mesure pas moins de 8 000 mètres carrés. Une sous-station électrique d'une puissance de 8,000 volts illumine l'installation géante, d'où sortent 1 000 kilomètres de positifs par semaine. Mais ne pénètre pas qui veut dans la cité du cinéma. Aucun studio au monde n'est mieux défendu que le studio Lasky contre les curieux et les débutants.

A force pourtant de le présenter au guichet chaque matin, mon visage était devenu familier au *casting director*. Un jour, celui-ci, après m'avoir soigneusement pesé du regard, me dit enfin :

— Entrez. Vous allez tourner le rôle du cuisinier dans *l'Admirable Crighton!*

Un rôle? Enfin, j'avais un rôle ! Hélas ! Le directeur des engagements m'avait prodigué l'illusion. Depuis lors sur l'écran, j'ai contemplé mon *moi*, un *moi* en tablier et bonnet blancs, un *moi* chargé d'un plat que je passe à la ronde, autour d'une table occupée par de pompeuses gens de maison.

Le personnage du cuisinier dans *l'Admirable Crighton* égale en importance le personnage du médecin dans le *Roi s'amuse*. Encore l'homme de science, dans le drame de Victor Hugo, a-t-il à prononcer au moins trois mots, tandis que le film de Cecil de Mille ne m'autorise à esquisser qu'un seul et unique geste, celui de servir les domestiques du château. Un seul geste ! Mais quel geste ! Présenter le breakfeast au maître d'hôtel Thomas Meighan, à la soubrette Lila Lee, au groom Wesley Barry ! Sur cinquante centimètres de film, je suis l'écuyer tranchant de trois princes de l'écran, autour desquels je m'empresse avec mon plat fumant ! Thomas Meighan se sert avec dignité, Lila Lee me remercie d'un sourire, Wesley Barry (*Grain de Son*) attend patiemment son tour, avec déjà dans ses yeux enfantins cette grande tristesse des grands comiques. Et le souvenir que, pour paraître sept secondes sur l'écran, il m'a fallu trois jours de filmage au studio, achève de donner à ce rôle une exclusivité qui me console de sa foudroyante brièveté. D'ailleurs *l'Admirable Crighton* me réservait quelques compensations. Entre les scènes, les serviteurs se mêlaient à leurs maîtres, et je pus ainsi, dans le décor du salon, converser sur un pied d'égalité sociale avec Gloria Swanson elle-même, la fille et héritière de mon patron Théodore Roberts, l'homme à l'éternel cigare. Elle me dit :

« Ah ! votre Paris ! Quelle admirable atmosphère ! Je n'y fus qu'une fois ! Mais ce souvenir est inoubliable. On se sent libre, chez vous ! Personne ne vous reconnaît dans votre capitale, ou du moins personne n'est certain de vous y reconnaître ! Car il m'est arrivé là-bas, au restaurant, dans la rue, de voir quelqu'un ou quelqu'une me fixer en murmurant : « Tiens, en voilà une qui « ressemble à Gloria Swanson ! » Mais j'entendais aussi la réponse : « Penses-tu ? « Elle est à Los Angeles ! Tu vois des « étoiles de cinéma partout ! » Être sur les bords de la Seine et que chacun vous croie encore au pied des Rocheuses ? Subtile sensation !

« Deux choses m'ont particulièrement intéressée chez vous. D'abord vos chauffeurs de taxis : dans nos villes anglo-saxonnes, on marche en groupe, au figuré comme au propre, en se sentant les coudes ; et chacun obéit à un ordre collectif. Nous pensons ensemble et souvent les mêmes choses. Dans la rue, nos foules sont une armée docile aux ordres du policeman. Chez vous, Latins, les piétons traversent la chaussée où ils veulent, quand ils veulent et vos autos ne se soucient guère du bâton blanc de vos sergents de ville. Vos chauffeurs tournent indifféremment à droite ou à gauche, se télescopent sans souci des lois de la circulation. Admirables taxis parisiens, vous êtes pour moi le symbole de l'anarchisme... pardon... de l'individualisme latin !

« Autre sujet de mon admiration, quoique pour des raisons bien différentes : vos femmes. Ai-je eu le temps en trois semaines de séjour de les deviner, mes petites cousines d'Europe, dépositaires exaltées de la tendresse humaine, de la grande pitié chrétienne ? Sous leurs robes à la dernière mode bat le cœur de la femme idéale, sacrifiée volontaire dans la bataille sentimentale. J'appartiens au pays des suffragettes, mais je suis dédaigneuse de ce féminisme exagéré qui a fini par enlever toute féminité à mes sœurs d'Amérique. Le féminisme exagéré ? Le voilà, le grand péril social qui menace notre race ! A force de se sentir libérées, privilégiées, adulées, nos *girls* n'ont plus qu'un seul but dans la vie : le plaisir, celui de la domination, celui du *good times* perpétuel, le plaisir de paraître, le plaisir des plaisirs ! Sur l'autel de l'amour, elles sont devenues les sacrificatrices... Le droit au bonheur? Trop d'entre nous le réclament à grands cris et sans même connaître le sens du mot *bonheur!* C'est dans le droit au devoir, au foyer, à l'enfant, au sacrifice, qu'une femme peut vivre heureuse ! Il faut que l'homme américain, qui a perdu tout contrôle sur sa compagne, la reconquière, faute de quoi nous reverrons le temps des Amazones, où la tyrannie des faibles coalisées écrasait les forts devenus inconscients.

« On pensera sans doute que ma conception du rôle de la femme a pour point de départ mon pessimisme ! Il se peut. Je suis pessimiste. Toutes les aventures de la vie finissent piteusement. Et pourtant je ne parais et ne veux paraître que dans des films qui se terminent pour le mieux dans le meilleur des mondes ; car ce n'est pas pour moi que je joue, mais pour les autres ; et à ces autres, je veux apporter du courage, de l'espoir, de l'illusion, de l'optimisme ! »

Gloria Swanson parle encore. Elle se laisse aller sur la pente des confidences, me dit sa vie de détresse morale, gâchée par un mari infidèle qui aimait toutes les femmes sauf la sienne. Elle pleure son amour d'épouse dédaignée. Je suis son confident d'une heure. Des larmes montent à ses yeux.

Mais la voix de Cecil de Mille nous a rappelés sur le plateau. Une minute plus tard, avec une parfaite maîtrise de son art, Gloria Swanson extériorisait pour l'objectif *six émotions différentes et successives en vingt-cinq secondes.* L'expression de son sixième sentiment disait l'insouciance, le dédain de toutes les tristesses de la vie, de la sienne, de la nôtre ! Éternelle comédie humaine ! Étais-tu dans le rire de l'artiste devant l'objectif ou bien dans les pleurs de la femme devant moi?

L'Admirable Crighton, en me faisant approcher Lasky et Cecil de Mille, devait me permettre d'interviewer aussi Adolphe Zukor, le roi du cinéma américain.

Le temps est d'or pour les businessmen transatlantiques. Aussi, l'entretien que m'accorda le grand homme d'affaires fut court : trois questions, trois réponses. Un point, c'est tout.

— Monsieur Zukor, quels furent vos débuts dans la vie?

— Garçon de magasin à deux dollars par semaine !

— Quel est le secret de votre réussite?

— Quatorze heures de travail par jour ; j'ai cinquante ans et je suis ce régime depuis l'âge de seize ans.

— Quand comptez-vous prendre un repos bien mérité?

— Jamais. Un businessman américain meurt à sa table de travail. Chez nous, les vieilles gens tombés en enfance, eux-mêmes, continuent leur métier.

Une boutade? Non pas.

Tout récemment un jugement du tribunal de Boston ordonnait au curateur d'un vieux millionnaire dément de pourvoir son pupille d'un office complet comprenant bureaux, secrétaire, chasseur, dactylographe, téléphoniste, « à seule fin, disait le juge, de chasser de la pensée du malade l'idée d'un repos qui, d'après le rapport des médecins, abrégerait les jours de l'ancien brasseur d'affaires ».

Quel roman d'imagination peut rivaliser avec cette anecdote de la vie yankee? Quel tableau que celui de ce vieil aliéné millionnaire dictant à sa sténographe des lettres qui ne partiront pas, lançant à un agent de change imaginaire des ordres qu'on n'exécutera point, envoyant le boy porter à un associé fantôme des plis urgents condamnés par avance au panier, tandis qu'au bout du fil téléphonique une voix complice et salariée parfait le camouflage d'activité indispensable à l'existence du vieillard !

X

NAZIMOVA ET MARGUERITE CLARK OU LES ÉTOILES AMOUREUSES

Pas plus que les autres idoles vivantes, les gloires d'Hollywood ne sauraient se prêter, sans s'amoindrir, à l'approche de leurs adorateurs. Je plains le romancier qui chercherait matière à inspiration chez les vedettes de l'écran. Combien pauvre serait la récolte des idées, des sentiments et même des simples émotions parmi celles-là mêmes dont la fonction est d'extérioriser l'âme humaine ! Évitez de connaître dans la vie votre héros ou votre héroïne de ciné, si vous voulez garder vos illusions à leur égard. Évitez encore de risquer un œil au studio où leur pauvre personnalité, livrée au directeur, vous apparaîtrait aussi inconsistante que la cire molle dans les mains du modeleur. Combien peu parmi ces célébrités mondiales sont autre chose que d'inconscients instruments ! Il n'y a pas de grand homme pour son metteur en scène. Et le dédain professionnel que le directeur ressent pour l'interprète n'a de comparable que cet autre mépris secret que l'animateur reçoit à son tour de son grand patron : le « producer » ou le « commanditaire ». Car, considéré du haut de l'échelle hiérarchique, le monde du film est, plus encore que les autres mondes humains, organisé sur le mépris qu'on se transmet fidèlement du premier échelon au dernier. Ajoutez à ceci l'influence démoralisatrice de l'argent facile sur des mentalités médiocres, et vous découvrirez bientôt l'intimité des gloires de l'écran aussi fastidieuse qu'une pièce ou qu'un roman dont tous les personnages seraient des nouveaux riches. Richesse d'ailleurs aussi éphémère que nouvelle, et comparable à celle de ces cochers verts et jaunes de l'hippodrome byzantin dont les noms, à la première course perdue, rentraient dans le néant après avoir éclipsé en popularité la personne de l'empereur lui-même.

Mais il serait peut-être cruel d'insister, alors que les chroniques du pays du film constituent pour tant d'existences obscures un recueil d'éblouissantes illusions. « Quand tu seras grande, tu épouseras le Prince Charmant ! » contaient jadis nos arrière-grand'mères à nos mères. Aujourd'hui, pour endormir sagement nos petites filles, nous les berçons avec ces mots : « Quand tu seras grande, tu feras du cinéma ! » Magnifiques contes de fées pour enfants sages et pour grandes personnes qui ne seront jamais sages.

Aussi bien, il est maladroit d'insister sur les démoralisations de la cité du film et d'étaler les détails de ses whysky-parties, de ses coco-parties ou d'un tas d'autres parties... Devant l'écran, l'iconoclaste exagère l'indignité des idoles autant que l'adorateur exagère leur magnificence. Je ne m'étonne que d'une chose, c'est du peu d'excès auxquels se livre une ville, dans laquelle chaque matin un pauvre bougre de la veille se réveille dans la peau d'un nouveau millionnaire, qui sans transition se voit passer de la médiocrité sociale à la plus éclatante des célébrités, du dénuement à la richesse. Je m'étonne que sous de pareils chocs, les mentalités des élus et des élues résistent aussi sagement à la griserie de l'argent, de la renommée et du plaisir pour se comporter en fin de compte, dans l'ensemble, avec une modération digne de servir d'exemple à beaucoup d'autres parvenus du Nouveau Monde et de l'Ancien.

D'ailleurs il suffit souvent de l'élégant profil moral d'un seul membre de la famille pour racheter d'autres vilains gestes de la colonie, et il peut être beaucoup pardonné aux étoiles d'Hollywood, car deux d'entre elles au moins ont su délicieusement aimer.

Nazimova, d'abord !

C'est dans le studio de la *Metro*. L'objectif est braqué sur « Madame ». L'instant capital du baiser est venu.

— Camera ! a commandé le metteur en scène.

Alors je vois dans le champ des lampes à arc, l'amant s'avancer vers l'amante. Pour les yeux de millions d'êtres, une fois de plus le geste d'amour se décompose lentement, les mains se joignent, les visages se rapprochent, les lèvres s'unissent. *Out!* a crié le directeur.

L'appareil a cessé d'enregistrer avec son bruit de crécelle, les projecteurs se sont éteints... mais le baiser dure toujours. Né de l'artifice, il se prolonge dix secondes encore dans la réalité. Aucun doute n'est possible. L'élu de l'héroïne dans le film est aussi l'élu de la vedette dans la vie. Évocatrice de ces temps bibliques où les femmes-enfants aimaient des patriarches, la radieuse Nazimova a choisi pour mari un vieillard... Et elle l'aime... Pourquoi?

Au fond de son être, toute femme qui se donne cache un mobile qui n'est pas de l'amour. Beaucoup aiment par réflexe, croyant qu'elles doivent rendre le bien pour le bien. D'autres, chez qui les désillusions ont développé la pitié d'elles-mêmes, reportent celle-ci sur un plus misérable qu'elles. Il y a les sensuelles qui se donnent par plaisir, les neurasthéniques par ennui, les faibles pour s'assurer un maître, les fortes pour commander un esclave. Les coléreuses aiment le partenaire nécessaire à leurs éternelles querelles. Il y a les croyantes qui aiment l'époux par devoir et les anarchistes qui aiment l'amant par défi. Il y a les lymphatiques qui aiment l'homme à portée de leur paresse. La fille sauvage aime le mâle dont la présence chasse les peurs de sa nuit animale. La barbare aime pour détruire et la païenne pour admirer. L'orgueilleuse aime l'homme en vue dont la célébrité est une bonne réclame. L'envieuse aime l'amant de sa rivale. Quelques-unes aimeront celui qui sera le premier ou encore celui qu'elles croiront le dernier. Le cœur des timides est à la merci d'une insistance.

Passez-les toutes en revue, les jeunes, les vieilles, les jolies ou les laides, les riches ou les pauvres, celles de sang bleu ou celles de caste inférieure, et demandez-vous s'il en est beaucoup chez qui le don d'elles-mêmes n'a d'autre mobile que celui de se donner?

Quant à moi, j'ai rencontré deux magnifiques exceptions, au pays du film : Nazimova et son amour en pleine gloire, Marguerite Clark et son amour à l'heure de la retraite...

Marguerite Clark !

C'est la dernière fois qu'elle tourne. Après ce film d'adieu, elle part pour la Louisiane. Là-bas, la maison paternelle, la simple ferme qu'elle quitta voilà quelque vingt ans, fêtera le retour de l'enfant prodigue. Demain, la vedette se retire avec les souvenirs de deux décades de triomphe cinégraphique. Elle ramène au pays un mari, épousé à l'heure où elle rentre dans l'ombre. Il s'appelle Williams. Il est d'une taille proportionnée à son épouse minuscule. Il n'est ni beau ni riche. Il ne paraît pas encore revenu de la stupéfaction où l'a plongé cette bonne fortune. Il regarde Marguerite Clark comme un papillon de nuit amoureux d'une étoile. C'est là le compagnon de tout repos pour femme célèbre résignée à prendre sa retraite.

Et la vedette s'étant laissé interviewer par l'humble figurant, je m'entendis confier : « Le public américain estime que l'intérêt de la vie se concentre dans les extrêmes. Ainsi donc, pour mériter son attention, il faut être à tout prix *la plus quelque chose*... Je suis *la plus petite* des étoiles : je mesure 5 centimètres de moins que Mary Pickford elle-même. Je suis *la plus optimiste* des femmes, car même aux heures de mes débuts difficiles dans la vie artistique, j'ai toujours cru que je devais grandir. Je suis *la plus entêtée* des personnes, car je me suis poussée moi-même, sans jamais avoir rencontré le metteur en scène providentiel des contes de fées cinégraphiques. Je suis *la plus heureuse* des nouvelles mariées, car ma lune de miel durera toujours et avec le même homme. Mon mari s'appelle Williams. Vous le voyez ici même en ce moment. Il guette mes paroles, il me surveille et je le laisse faire, car je ne suis pas féministe. Je suis la femme aimant *le plus* les chiens (ils sont bons) et les roses (elles sont belles). Demain, je pars à jamais en Louisiane vivre dans une maison de campagne qui sera *la plus* admirable des maisons, puisque j'y vivrai avec mon mari, douze chiens et des parterres de roses. »

Petite Marguerite Clark, quelle grande leçon vous donnez à l'entêtement ridicule de ces vedettes théâtrales ou cinégraphiques qui, en dépit de l'âge, s'accrochent à une popularité qui déjà les abandonne ! Si toutes avaient votre sagesse, nous ignorerions la tristesse de contempler sur la scène ou l'écran des ingénues de quarante ans et des grandes amoureuses en âge d'être grand'mères ! Minuscule Marguerite Clark, la plus petite des étoiles, à l'heure même où vous allez vous éteindre, vous éclipsez par votre dernière lueur toutes les autres vedettes, vos sœurs ! Vous êtes une des très rares qui ne s'est pas crue obligée à me confier des complications psychologiques et sentimentales. Vous êtes une des rares qui s'est avouée simplement ! Dédaigneuse des offres trompeuses de l'institut de rajeunissement, vous ne vous ferez pas inciser le visage à la hauteur des tempes ni injecter de la parafine sous la peau. Vous approchez de quarante ans. Vous allez cultiver à la campagne votre petit jardin. Vous avez vécu en beauté. Vous vous apprêtez à vieillir en sagesse. J'envie M. Williams, votre mari.

XI

FRANK KEENAN OU LES RISQUES DU VILAIN

Frank Keenan symbolise l'énergie de la race yankee, comme Douglas Fairbanks en exalte l'optimisme et William Hart la mystique. Dans les studios, chacun salue respectueusement Keenan du titre de « gouverneur ». Je ne serais point surpris que le vieil acteur ait été, durant sa jeunesse, proconsul de quelque État de l'Ouest, au temps où les élections se faisaient encore en force, à coups de dollars et de revolvers.

En pénétrant pour la première fois dans le *Brunton*, je fus ému par des cris énormes venant d'une scène soigneusement close.

« Ne faites pas attention, me dit-on. C'est la compagnie Frank Keenan qui tourne. »

Pour mieux amener sur les faces de ses acteurs des expressions d'énergie, la vedette la plus puissamment laide de l'écran impose à ses collaborateurs les hurlements des surhommes de la tragédie grecque. La méthode du « gouverneur » doit être bonne, puisqu'elle produit chaque année deux ou trois films qui comptent parmi les meilleurs d'Amérique, et par l'honnêteté de l'interprétation et par la clarté du scénario, dont la portée sociale ou philosophique fait penser.

Quand j'avais parlé au *casting director* du *Brunton* de tourner dans *le Monde en flammes*, il m'avait ri au nez : « Keenan n'engage jamais des interprètes ayant moins de dix ans de métier. D'ailleurs, un visage encore jeune ne l'intéresse pas. Il veut des traits creusés, ravagés. Pourtant, puisque vous insistez, vous le verrez ce soir. En tout cas, si le gouverneur vous remarque parmi les autres figurants, il vous révélera à coup sûr votre *type*. Frank Keenan ne se trompe jamais. Après cela, vous saurez qui vous êtes. »

Savoir qui je suis? Quand presque tous, il nous faut traverser la vie, en ignorant jusqu'à la fin qui nous sommes ! J'étais inquiet, comme à l'heure d'une révélation. Le vieil acteur parut, me regarda, marcha droit vers moi, et dit à son directeur, en me désignant : « Si celui-ci peut jouer, vous en ferez le chef des anarchistes. Il est le *type* exact du *vilain* intellectuel ! » Le *vilain*, le traître, le troisième rôle, celui qu'on siffle durant le drame et que l'on pend au dénouement ! Oh ! vous tous qui pénétrez dans le studio de Frank Keenan, laissez toute illusion à la porte ! Un tragique face-à-face avec la vérité vous attend ! Avoir rêvé d'incarner dans la vie et sur le film le « héros », le héros qui dénonce le complot, qui sauve l'ingénue, qui reçoit l'accolade du père noble ! Avoir rêvé d'être un peu plus évolué que les autres, d'être sensible à la justice, capable de pitié, de pardon, de sacrifice, — et apprendre soudain qu'on est le « vilain » de la pièce ! Quelle amertume !

Pourtant j'avais le rôle, mon premier. Il fallait le jouer. Pour un salaire de 100 dollars par semaine, j'attisai l'émeute à la porte de l'usine, je prêchai la haine au coin des rues, je posai le premier pavé de la barricade, je fis sauter la maison communale, je blessai d'un coup de fusil la plus douce fille de la cité. Après quinze jours de cette conduite abominable, j'eus la satisfaction, au dernier épisode, de sentir l'index et le pouce du gouverneur me pincer l'oreille, et une voix me dire : « Ça, *my boy*, c'est bien. » Mais en même temps, je devenais pour tous les studios de Los Angeles le type du *vilain*.

Le théâtre européen n'obéit qu'imparfaitement à la loi des types. Pourvu qu'elle ait de l'habileté ou de la notoriété, une actrice de quarante-cinq ans se verra aisément confier un rôle de jeune amoureuse, tandis qu'un acteur de vingt-cinq printemps incarnera à la rigueur, en se faisant une tête, un personnage d'âge mûr. A force de talent et de grimage, des artistes comme Coquelin, Antoine, Guitry, Gémier ont à la fois joué le héros ou le traître, le père noble ou le grand amant, Don Juan ou Diafoirus, le cocher de fiacre ou l'empereur.

L'Amérique, pays de spécialisation par excellence et qui fut la première contrée à appliquer la division du travail à l'industrie, permet difficilement à un artiste, quel que soit la variété de son génie, d'interpréter indifféremment comme chez nous tous les âges, toutes les classes sociales, tous les caractères. La première référence exigée d'un candidat à un rôle, c'est qu'il représente exactement à la ville le type du personnage à jouer sur la scène. Le traître sera né avec la face du traître ; il ne sera point permis à une belle-mère de farce de grossir son volume avec des tampons d'ouate ; défendu l'usage de ces perruques qui rajeunissent ou vieillissent à volonté ; un personnage de cent ans ne sera joué que par un centenaire ; la moustache exigée par le rôle aristocratique sera naturelle et la calvitie de même ; sous le feu des rampes newyorkaises, un vrai Français incarnera les Français ; un vrai Chinois les Chinois ; c'est tout juste si l'on permettra à l'ivrogne de la comédie de mettre de l'eau dans son vin à sa sortie de scène.

Cette observance de la loi des types, discutable tant qu'il s'agit du théâtre, ne sera jamais trop rigoureuse dans le cinéma, où le *premier plan* dénoncera toujours la fausse barbe la mieux appliquée, le maquillage le plus habile. Si l'on me confiait sur l'écran le rôle du *vilain*, c'est que j'étais le *vilain* dans la rue. Il me fallait en prendre mon parti et accepter à l'avance tous les châtiments exemplaires qui guettaient mon type antipathique. J'allais être tour à tour fusillé par le peloton d'exécution, pendu, guillotiné, placé sur la chaise électrique. Une fois même, supprimé selon une loi proposée à l'époque et votée depuis lors dans un État de l'Ouest, je fus exécuté au moyen du chloroforme, durant un sommeil supposé, sur le lit de ma cellule.

Toutes ces morts subies dans le truquage des studios me divertirent jusqu'au jour où la convention du film se prolongea soudain dans la réalité de ma vie...

Un directeur cinégraphique, en mal

de publicité, venait d'exploiter les plus bas instincts de la foule en lui présentant une histoire de banditisme où un bandit redoutable, à l'expiration de son temps, tenait la place de vedette. Grâce à la *Dame de la cave*, un authentique malfaiteur de l'Arizona était passé directement des travaux forcés à la gloire de l'écran. Par malheur, le succès de cette honteuse production avait enrichi son producteur. Du jour au lendemain, les assassins, les voleurs, les faussaires, pour peu que leurs méfaits aient eu quelque retentissement, se virent offrir des ponts d'or au sortir de prison. Dans un de ces films indésirables, je fus chargé de servir de complice à deux cambrioleurs fameux libérés de la veille. Les journaux de Los Angeles annoncèrent la reconstitution cinégraphique du plus hardi de leurs vols passés, et ce dans la bijouterie même qu'ils avaient dévalisée pour de bon dix ans auparavant. Et, pour rendre encore plus palpitante l'aventure, une perle noire de 100 000 dollars, célèbre dans tout l'État de Californie, devait figurer comme accessoire dans cet incroyable épisode. En France, on enfermerait comme fous les organisateurs d'une pareille aventure. En Amérique, la municipalité prêta sa police pour, en barrant les rues, faciliter la prise de la scène. Les fenêtres des maisons avoisinant la bijouterie furent mises aux enchères. Les toits étaient noirs de curieux.

Enfin, après tous les préparatifs techniques, le cri *Action ! Camera !* retentit. L'auto, qui contient les deux convicts et moi-même, s'arrête net devant la boutique. Nous sautons de voiture et, revolver au poing, nous abordons le boutiquier. Un « premier plan » de la fameuse perle. Après l'étranglement simulé de son propriétaire et l'enlèvement réel du précieux bijou, les deux malfaiteurs regagnent l'auto, tandis que je protège leur retraite contre la foule des honnêtes gens ameutés. Le thème de l'épisode voulait que la voiture nous emportât tous les trois, ou plutôt tous les quatre, car la perle noire avait le rôle le plus important dans l'histoire. Or, à mon étonnement, je vois mes deux convicts devancer le signal du départ et démarrer en troisième vitesse, en me laissant en plan sur le trottoir, en dépit du scénario convenu. Mais là où la stupéfaction m'empoigne, c'est quand je constate que l'auto, au lieu de stopper aussitôt hors du champ de l'objectif, continue à une allure vertigineuse et disparaît aux yeux de tous sur la route qui mène aux montagnes Rocheuses.

Il fallait arrêter un coupable à tout prix. On m'arrêta, on me cuisina avec des procédés dignes de l'Inquisition espagnole. Certes, j'aurais pu faire part au juge d'instruction d'une conviction intime, à savoir que le bijoutier lui-même s'était fait voler volontairement par les deux convicts la perle noire invendable, parce que trop chère ou dépréciée par des défauts. Ce qui est certain, c'est que, quelques semaines plus tard, le propriétaire du célèbre bijou touchait joyeusement 100 000 dollars à la caisse d'une compagnie d'assurance contre le vol. Mais j'aurais risqué d'être accusé d'égarer la justice, alors que, sincèrement, j'aurais pu l'éclairer. Je me tus. A la fin, on me relâcha. Naturellement, on n'a jamais retrouvé les deux convicts artistes. Jusqu'à la fin de mon séjour à Los Angeles je sentis peser une suspicion générale sur moi. Ma vie de citoyen en souffrit mais ma réputation de *vilain* sur l'écran s'en trouvait encore consolidée.

XII

LEW CODY OU LE DON JUAN RÉINCARNÉ

A l'âge où l'on croit encore que la plus noble ambition de l'homme est de conquérir des femmes, beaucoup de femmes, mon admiration de rhétoricien se partageait entre les deux grands voyous de la littérature : Don Juan et Bel-Ami. Dans la vie, ces deux sinistres types se combinaient pour moi en la personne de Bébert du Combat. Bébert était un escarpe des boulevards extérieurs. Sa renommée allait des pentes de Montmartre à Charonne. Elle suivait le boulevard de la Chapelle, stationnait chez les bistros de la Villette, plongeait dans les bouges de Ménilmontant, rôdait sur les terrains vagues qui entourent le Père-Lachaise, traversait les barrières pour ne s'arrêter qu'à la lisière du bois de Vincennes.

Bébert du Combat tenait ses assises chez un marchand de vins de la rue Bolivar. Malgré la terreur que lui inspirait un tel client, le patron se gardait bien de le « donner » à la police : Bébert attirait la clientèle. Tous les jours, à partir de cinq heures, on pouvait voir Bébert installé dans l'arrière-boutique du mastroquet, avec, autour de lui, une douzaine de malheureuses qui venaient assouvir dans la contemplation de l'escarpe ce mystérieux instinct qu'ont les non-évolués de créer des idoles. Ah ! l'admiration que j'ai lue dans ces yeux fixés sur Bébert, ces yeux où passaient les reflets des mystiques primitives !

A dire vrai, l'aspect de Bébert n'avait rien de terrible. Contrairement aux autres malfaiteurs, il ne frappait ni du poing ni du verre sur la table. Il n'avait pas ces gestes brusques qui en imposent aux naïfs et aux faibles. Il n'élevait jamais la voix. Mais ce calme affecté était pour tous un indice de plus des froides décisions du bandit, à l'heure décisive. Et la réputation de Bébert n'en grandissait que plus terrible. Il avait toujours « travaillé » seul. On ne lui connaissait aucun complice pendant le méfait ni aucun confident après. Bébert, sensible à mon éducation bourgeoise, m'honorait d'une amitié protectrice. Il faisait même remonter celle-ci à des temps antérieurs à ma naissance, car les jours de sortie, quand je venais de le voir chez le bistro, il me saluait en ces termes flatteurs : « Bonjour, *pote*, fils de *pote!* » Argot qui signifie à peu près : « Bonjour, ami, fils d'un ami! » Mais ses confidences n'allaient jamais plus loin et j'en étais réduit à nourrrir ma curiosité des chuchotements de son entourage. Et encore celui-ci ne chuchotait-il qu'en l'absence du héros, quand Bébert, parti pour quelqu'une de ses expéditions périodiques, laissait vide sa place chez le mastroquet, durant deux ou trois longues semaines, quelquefois plus. Alors seulement, les admiratrices de Bébert, pour tromper l'absence de l'idole, osaient échanger entre elles des indications dont le vague laissait un champ grand ouvert à l'imagination. « Il paraît qu'il est *en affure* dans le Centre. » Ou bien : « On dit qu'il fait un coup *à la dure* dans le Nord. » Mais quelle que fût l'aventure dans le Centre ou dans le Nord, Bébert s'en tirait toujours à merveille. On le voyait invariablement revenir à la date qu'il avait fixée d'avance, les poches pleines et même le visage quelquefois engraissé. Il était généreux et fêtait son retour en offrant des punchs de vin sucré que l'on buvait à petites gorgées, respectueusement, parce que c'était l'argent du crime qui le payait.

Or, un dimanche, comme je pénétrais rue Bolivar, je fus reçus par cette nouvelle : « Bébert ne rentrera pas avant un mois. Il est parti sur la Riviera cambrioler un banquier. » Chez le louche bistro, dont aucun client n'avait jamais possédé un livret de caisse d'épargne, le cambriolage de ce financier inconnu prenait une étrange grandeur. Or, le dimanche suivant, comme, songeant au méfait en cours de Bébert, là-bas, sur la Riviera, je m'étais enfoncé dans les bois de Verrières, la promenade me conduisit vers une guinguette banlieusarde. Et quel ne fut pas mon effarement d'apercevoir sous les tonnelles Bébert l'escarpe, Bébert le héros, Bébert le Don Juan, Bébert du Combat qui, au lieu de cambrioler son banquier sur la Riviera se cachait là, à Robinson, sous la livrée du garçon de café, une serviette sous le bras et en train de se confondre en courbettes autour de clients bon marché! Il était démasqué! Il vint vers moi et je recueillis en phrases hachées, sanglotantes, l'étrange confession du héros effondré.

— *Pote*, fils de *pote*, me dit-il, tu connais maintenant toute la vérité... Je ne suis pas un criminel, je ne l'ai jamais été, je ne le serai jamais... Que toute la faute de la macabre comédie retombe sur elles... Tu comprends déjà... Tant qu'elles me croyaient un honnête homme, elles ne prêtaient aucune attention à Bébert l'honnête ouvrier... Un jour, une arrestation par erreur fit croire que j'étais un voleur... Quand on me relâcha, elles m'attendaient toutes à la porte de la prison... Et dès ce jour-là, elles m'admirèrent, m'aimèrent... J'étais désormais Bébert du Combat et la pensée seule de mes méfaits les fascinait... J'ai laissé croire... Quand je disparais, c'est pour aller gagner honnêtement, dans l'ombre, le droit à mon retour de me parer du crime, comme d'autres se font séduisants avec des frusques coûteuses. Vois-tu, *pote*, les femmes sont toutes pareilles... Elles dédaignent le bien, qui est trop simple, et le mal seul, avec ses complications, les séduit...

Est-il vrai que beaucoup — sinon toutes, comme le prétendait Bébert — soient conquises moins par la beauté physique de Don Juan que par sa laideur morale? Quinze ans plus tard, à l'autre bout du monde, au pays du film, un mot de vedette allait confirmer dans mes souvenirs un peu des dires de l'honnête homme honteux.

Avec le temps, d'ailleurs, mon admiration pour Don Juan et Bel-Ami s'était transformée en une révolte contre cette logique douloureuse qui condamne l'homme qui aime la femme à vivre dans le sillage de « celui qui s'amuse de l'amour » et de « celui qui en profite », à réparer sans cesse le mal des deux voyous célèbres, à rapiécer les cœurs brisés par Don Juan, à retirer du Mont de Piété les boucles d'oreilles engagées par Bel-Ami. L'Amérique allait m'apprendre à renier tout à fait mes anciennes idoles d'Europe. A Los Angeles, je m'étais lié avec un homme assez courageux pour engager la lutte contre le donjuanisme. Ce n'était pas une lutte littéraire contre un vague symbole. C'était contre Don Juan lui-même, réincarné, que mon ami se mesurait pour le salut d'une femme. La bataille des mâles, dans l'ombre de la préhistoire, n'offrait pas plus d'acharnement, de haine, de férocité, de ruse que ce duel moral engagé par « l'honnête homme » contre Lew Cody, le Don Juan de l'écran, et ce à travers tout le conventionnel de la civilisation yankee. Ah! l'invincible adversaire que cet ancien mari de Dorothy Dalton, cet éternel fiancé des étoiles, l'aimé de toutes les actrices au pays du film, le séducteur des ingénues, et des soubrettes, et des amoureuses, et des grandes coquettes, celui auprès de qui la vampire elle-même n'osait sortir ses griffes! Quelle puissance il possédait pour éveiller chez toutes l'idée de la destruction qui devait en faire ses victimes!

Détruire! Oh! le formidable instinct plus fort que l'instinct de la conservation de l'individu, plus fort que l'instinct de la reproduction de l'espèce, l'instinct mystérieux qui chez la femme prédestinée à Don Juan, se révèle dès les premiers gestes de la petite fille, avec la rose qu'elle effeuille, la poupée dont elle ouvre le ventre, le chien dont elle tire les oreilles, le papillon qu'elle transperce, la mouche qu'elle écartèle. Car Don Juan a son troupeau de femmes marquées à l'avance, à son chiffre. La destruction les pousse vers *lui*. Détruire? Détruire à tout prix, fût-ce au prix de leur propre destruction! Détruire? C'est la même frénésie qui, du fond des siècles, fait surgir les Barbares, montés sur leurs chevaux sans selle et sans bride et qui, torches en mains, envahissent le monde, jetant bas les villes, brûlant les temples, égorgeant les peuples et les idées, jusqu'au jour où, dans l'ivresse d'une destruction générale, les destructeurs eux-mêmes, entassant leurs pillages, en font un bûcher et montent dans ses flammes avec femmes et enfants pour se détruire eux-mêmes jusque dans les générations futures...

Don Juan est l'orgueil, l'envie, la luxure, la gourmandise, la paresse, la colère. Pour peu qu'il en arrive à pratiquer l'avarice, il devient les *sept péchés capitaux*.

Il boit, il joue, il ment, il est hypocrite, imposteur, cruel aux pauvres. Il est mauvais fils, il tue. Je ne lui connais qu'une seule qualité, la bravoure devant les vivants et les morts, mais encore celle-ci n'est-elle qu'une insulte suprême jetée aux honnêtes gens et un blasphème craché à la face de Dieu. Don Juan est la Bête de l'Apocalypse. Il est le point de départ de toutes les brutalités, le point d'arrivée de toutes les destructions. Je m'imagine aisément le Don Juan réincarné empruntant de l'argent à seule fin de ne pas le rendre. Il doit se plaire à ruiner aujourd'hui son fournisseur d'autos comme jadis il ruinait M. Dimanche, son marchand d'habits. Il séduit la femme, en la fascinant avec le mal. Certes, à la conscience universelle les metteurs en scène de Don Juan offrent bien la concession d'appeler au dénouement le Commandeur. Celui-ci, sous les traits d'un naïf boxeur ou d'un non moins naïf détective, vient châtier le grand séducteur comme un vulgaire *vilain*. Mais Don Juan se rit de la conclusion paradoxale. Il sait qu'il lui suffit d'attendre à la sortie les filles de ses moraux spectateurs pour se prouver à lui-même une fois de plus que si sur le film américain l'honnête homme est toujours récompensé, dans la réalité de la vie c'est à Don Juan que reste en fin de compte la femme convoitée. Et une fois de plus Don Juan triompha. Un soir, celui que j'estimais revint le pas lourd, le dos voûté. Celle qu'il aimait d'amour et que Lew Cody poursuivait à seule fin de compter une pièce de plus au tableau, avait sonné le glas du dernier espoir. Dans le décor de l'éternel été californien, l'Ingénue avait dit à mon ami :

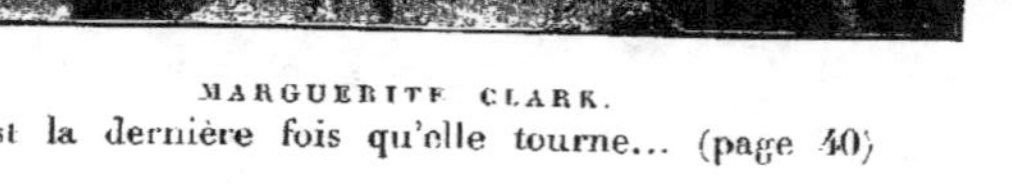

MARGUERITE CLARK.
C'est la dernière fois qu'elle tourne... (page 40)

NAZIMOVA.
L'instant capital du baiser est venu... (page 39)

L'AUTEUR

...je devenais pour tous les studios de Los Angeles le type du vilain. (page 43)

FRANCK KEENAN

Franck Keenan symbolise l'énergie de la race yankee. (page 41)

LEW CODY.
C'était contre don Juan lui-même...
(page 47)

CLARA KIMBALL YOUNY.
Quand elle jugea pouvoir se passer de grand prêtre... (page 49)

EARLE WILLIAMS DANS UNE SCÈNE DE "MONSIEUR PICARD"
...sous les ordres d'un brigadier plus incapable encore (c'était moi)... (page 50)

PAULINE FREDERICK.
Quatre fois déjà Pauline Frederich s'est mariée...
(page 58)

WALTER HIERS
...une réédition de Fatty, mais en plus soigné...
(page 58)

— *My dear*, j'ai bien réfléchi. Il est vrai que Don Juan a les bajoues de l'ivrogne ; une graisse précoce l'envahit ; ses doigts tremblent d'avoir trop tenu les cartes ; la luxure a rougi ses paupières. Il est laid et physiquement vous êtes bien mieux que lui. Mais dans la balance de mon cœur, il l'emporte. Sa *malignité* est invinciblement *attractive* et vous n'êtes, vous, qu'un honnête homme.

XIII

EARLE WILLIAMS OU LA REVANCHE DE LA FEMME

Le métier de faiseur d'idoles cinégraphiques ne va pas sans déboires, témoin le metteur en scène James Young... Celui-ci, ayant ramassé un jour à la porte de son studio une misérable figurante, l'avait habillée, instruite, épousée et lancée. La gratitude est un poids lourd pour les êtres non évolués. Les parvenus d'ailleurs tiennent souvent à rompre avec ceux qui risquent de leur rappeler l'humilité dont ils sont partis. Quand elle jugea pouvoir se passer de grand prêtre, Clara Kimball Young planta là, derrière un portant de décor, son mari et directeur.

Chez d'autres races, pareille aventure tue son homme, surtout quand la victime a dépassé la cinquantaine comme dans le cas de James Young, mais celui-ci était trop yankee et partant trop homme d'action pour se laisser accaparer par le désir unique, la jalousie et autres complications du cœur. L'amour est la maladie des inactifs, tout comme l'acide urique est le poison des sédentaires. James Young classa l'affaire avec ces simples mots : « Désormais, je ne dirigerai plus de vedettes féminines. » Il tint parole. Lorsque je fis sa connaissance, il mettait en scène un film d'Earle Williams, l'étoile masculine du *Vitagraph.*

C'était dans la cour du studio de cette dernière compagnie. Je venais à peine d'arriver, en quête d'un engagement problématique, lorsqu'un petit homme grisonnant, au geste nerveux, au regard inquiet, se dirigea vers moi.

— On m'a dit que vous étiez Français, me dit-il, je commence aujourd'hui à tourner un scénario parisien (*sic*) avec Montmartre, des apaches et des policiers ! Voulez-vous jouer le brigadier des sergents de ville? En même temps, vous veillerez à l' « atmosphère ». Je la veux française dans les décors, les costumes, les gestes.

En même temps que s'affirmait ma position d'acteur engagé à la semaine, je me trouvais promu pour un mois au grade envié d'assistant technique. Bien étrange film d'ailleurs pour nous Latins, que cette *Rogue Romance* au cours des 1 800 mètres de laquelle Earle Williams, sous les traits d'un Arsène

Lupin humanitaire, emploie le meilleur de son temps à dévaliser des hommes riches afin d'entretenir... un asile d'enfants pauvres ! Petit-fils de M. Prudhomme, mais dévoyé par Proud'hon, M. Picard (tel est le nom de notre héros) offre au spectateur américain une tranche de psychologie pour nègres, femmes de chambre romanesques et anarchistes pratiquants. La propriété créée par le vol initial d'un très lointain ancêtre subit durant cinq *reels* les lois d'une reprise communiste dont la casuistique ferait pleurer à force de bonnes intentions. Le caractère du bandit philanthrope est encore compliqué par des intrigues de mélodrames, une prostituée en voie de résurrection, un commissaire de police ridicule, une jeune fille du monde aussi invraisemblablement riche que naïvement immorale, enfin quatre sergents de ville incapables, qui sous les ordres d'un brigadier plus incapable encore (c'était moi), devaient achever de donner à l'Amérique une bien étrange vision de la France !

On conçoit l'embarras de l'assistant technique devant un pareil scénario. Dès les premières lignes du découpage, j'étais édifié sur l'extravagance des événements qui allaient se dérouler sous l'œil de l'objectif. Avec un beau courage, je tentai néanmoins de prêter un semblant de vérité à cette œuvre parisienne (?) et ce à la grande colère du chef des accessoires, du costumier, du décorateur et de quelques autres autorités jalouses de leur ignorance. J'aurais sans doute réussi dans les grandes lignes si je n'avais eu affaire qu'à James Young, Américain charmant et éclairé, véritable gentilhomme de l'écran, au même titre que le Français Cecil de Mille et l'Autrichien Eric Von Stroheim. Mais pour le malheur du film et le mien, James Young avait pour régisseur un de ces hommes irrémédiablement médiocres, qui vivent dans la terreur de rencontrer un moins stupide qu'eux. La crainte perpétuelle d'une supériorité quelconque les fait se réfugier dans une présomption telle qu'ils s'imposeront personnellement les plus excessifs et les plus inutiles efforts, plutôt que de chercher un conseil, un avis, une indication auprès des compétences voisines. Mais leur bêtise trouve un premier châtiment dans les tortures de l'envie. Le régisseur de James Young était de ceux-là, qui prennent ombrage d'un charpentier, parce qu'il sait mieux qu'eux enfoncer une pointe. Mes cinq semaines d'assistance technique furent, grâce à l'obstruction d'un médiocre, sans profit pour le film et sans plaisir pour moi. Il n'y a que demi-mal à rencontrer sur son chemin un imbécile, mais la vie devient intolérable, lorsqu'elle vous oblige à franchir une étape avec lui.

Il importe peu d'ailleurs de savoir pourquoi je n'ai pas réussi à faire d'un découpage à prétentions françaises un film présentable en France. Avais-je seulement raison de chercher à réussir dans cette entreprise? Cette dernière question seule offre de l'intérêt...

Tant qu'un metteur en scène américain n'aura en vue que le public américain — et aujourd'hui encore les marchés étrangers ne représentent pour le producteur transatlantique qu'une infime portion de sa recette générale ! — il importera peu d'adapter à l'écran yankee une œuvre française à la manière française ! Bien mieux : commercialement, le metteur en scène américain aura souvent intérêt à présenter à son public américain des personnages français, des situations françaises, des psychologies françaises, non pas comme ces personnages, ces situations, ces psychologies sont en réalité, mais *comme les spectateurs yankees s'imaginent qu'ils sont!* La remarque est triste à faire, mais ce qui est commercial est presque toujours triste. D'ailleurs l'occasion est propice pour répondre ici aux protestations, — trop légitimes, souvent, — d'un public français à qui le producteur américain a envoyé, tournés et déformés en Amérique, des pièces ou des romans essentiellement français : « Vous vous indignez des mutilations apportées par le metteur en scène transatlantique à une œuvre originaire d'Europe? Mais pouvez-vous imaginer sans frémir ce que serait pour le spectateur américain une pièce ou un roman yankee découpé et tourné par un directeur latin, dans les studios de Vincennes ou d'Épinay? Que deviendraient sur la pellicule française le shériff du Grand-Ouest, le businessman new-yorkais, la girl de Broadway ou le home de Philadelphie?... Mais n'insistons pas davantage et revenons à la *Rogue Romance.*

. . . .

Le dernier jour du filmage, au sortir du studio, Earle Williams me dit avec un sourire qui voulait être dégagé :

— Venez me voir demain, devant le jury de Los Angeles. On va me condamner pour « rupture de promesses matrimoniales ».

Le juge, les avocats, les détectives, l'appareil très simple et terrible de la justice yankee. L'accusatrice est une jeune femme d'une vingtaine d'années. Elle a été la maîtresse de la vedette. Elle a vécu quelques mois avec lui, elle jure qu'Earle Williams lui avait promis de l'épouser. Elle est froide et énergique, elle connaît les droits que lui donne le féminisme américain, elle réclame 100 000 dollars de dommages-intérêts. Cette toute jeune fille, presque une enfant, a fait arrêter son ex-fiancé ; elle l'accuse maintenant avec une logique de procureur et lui réclame des comptes avec une précision de caissier. Oh ! l'admirable transformation ! Dans le décor de l'Amérique du Nord, le génie yankee a pris la femme, la femme espagnole, française, italienne, la femme du vieux monde, et l'a refaite entièrement. Cette girl qui est là devant moi est Américaine à peine depuis quelques années. L'ovale du visage rappelle encore les vierges vénitiennes. Elle est Italienne, Latine, chrétienne et, à une génération d'elle, sa grand'mère, comme toutes les autres femmes de sa race, vivait dans le despotisme de l'homme, esclave par la loi, et par les mœurs, et par la religion, par aussi ce besoin d'amour qui fait de notre faible femme d'Europe la servante volontaire du mâle, dont elle attend une pitié bien souvent illusoire. Voyez! Il a suffi d'une traversée de l'océan pour, d'une créature née humble, crédule, trop généreuse, victime désignée aux coups de la vie, faire la femme yankee.

Celle-ci est l'héritière directe de l'orgueilleuse Réforme : une affranchie du dogme et de l'homme. Mais, pour la comprendre, il nous faut remonter plus loin encore, à travers vingt siècles, et retrouver le paganisme au pied des gratte-ciel. Sa conception de la vie est optimiste. Elle n'a que faire de l'amour, du moins de cet amour pétri de pitié, de remords, de sacrifices, de souffrances, de complications infinies, et né sur les rives pessimistes du lac de Tibériade. La femme yankee, dans ses rapports avec l'homme, ne connaît que deux choses : le *flirt* d'abord, un dérivatif à l'ennui, un passe-temps bon à combler quelques minutes entre deux danses ou deux parties de tennis ; un échange sans tragédie de ces gestes auxquels Marc-Aurèle aussi bien qu'Épicure n'attachaient aucune importance ; le *mariage* ensuite, un contrat commercial et respecté, car l'épouse américaine est fidèle à la manière des honnêtes trafiquants, et elle ne saurait tromper le mari qui l'entretient. Est-ce à dire qu'entre le *flirt* et le *mariage*, la femme yankee est incapable de cette *passion*, qui ravit l'être au temps, à l'espace et à lui-même? La femme yankee n'est pas à l'abri de ces sentiments absolus, mais quand elle les éprouve, elle veut, en païenne moderne, n'y voir que quelque chose de fatal, le châtiment des divinités. Elle se défendra d'éprouver cette passion, elle en aura honte, et, cachant ses angoisses, ses larmes, ses jalousies, ses emportements, elle donnera le change sous une indifférence antique, tel cet enfant spartiate souriant, tandis que le renard volé lui dévorait les entrailles.

Par les soins du féminisme, né d'un néo-paganisme, s'élabora une législation de sexes unique dans l'histoire humaine. Aux États-Unis, tout geste de l'homme se traduit aujourd'hui par des dommages-intérêts au profit de la femme. Il n'y a pas que la « loi des promesses matrimoniales ». Il y a aussi la « loi de l'aliénation d'affection », redoutée des crocheteurs de la porte conjugale. Il y a la « loi de l'épouse de droit commun », qui peut obliger l'imprudent à régulariser par le mariage l'aventure d'une nuit. Il y a la « loi du respect », qui condamne impitoyablement l'homme mal élevé ou simplement trop entreprenant qui adresse la parole à une femme contre le gré de celle-ci. Il y a la « loi de la pension alimentaire », qui jette en prison le mari divorcé en retard d'une heure pour le paiement de la rente due à l'ancienne compagne. Il y a la « loi de l'esclave blanche », qui punit des travaux forcés à temps le seul fait d'avoir emmené une femme d'un État dans un autre État, à seule fin de lui faire une déclaration plus confortable. Il y a cent autres lois féministes qui guettent l'homme yankee, l'obligent à vivre dans une atmosphère orphique avec, présente à ses côtés, l'ombre du grand misogyne, victime des Bacchantes.

Et qui oserait blâmer le féminisme yankee, même dans ses excès? En faisant, pour la première fois, de la femme la privilégiée de la morale, de la religion, de la loi, des convenances, le féminisme n'a fait que retourner l'arme contre le mâle, l'éternel bourreau. C'est que les comptes à régler avec l'homme sont lourds, depuis toujours que la femme a été sa victime au cours de cette anthropophagie sentimentale qui constitue l'histoire sexuelle du monde !

Le jury s'est retiré. Il revient avec un jugement qui condamne Earle Williams, l'étoile du *Vitagraph*, à 75 000 dollars de dommages-intérêts au profit de la girl américaine qu'il a trompée avec de fausses promesses.

XIV

ESTRELLA OU LE PARADOXE DU FILM

Il s'appelait Tom Brown et prenait les vues cinégraphiques sous la direction de Cecil de Mille. Elle s'appelait Estrella et appartenait à une de ces vieilles familles californiennes dont la fondation remonte au viol des filles des caciques par les conquistadors. La cour de Tom s'éternisait depuis un an, quand, à la nouvelle que l'opérateur allait « enregistrer » sur les bords du Colorado et que le voyage de noces pourrait ainsi se faire en plein pays indien, Estrella accepta enfin de devenir mistress Brown. Une heure avant le départ de notre caravane automobile, un pasteur bénit le jeune couple dans le studio même de Lasky. La présence des nouveaux mariés stimulait l'optimisme d'une troupe enchantée, à la perspective de cinq semaines de camping parmi d'authentiques Peaux-Rouges. Pour arrêter le travail des imaginations, il ne fallut rien moins que les déclarations du costumier :

— Vous savez, mes enfants, j'ai emporté des plumes, des pots de couleur, des mocassins et des grelots pour déguiser une figuration apache qui se présentera sans doute en casquettes à carreaux et en faux cols. Il n'y a plus de « sauvages » dans les États-Unis. Les Sioux du Missouri, transformés en fermiers scientifiques, pratiquent tous les secrets de la culture intensive, les derniers Séminoles de Floride se sont engagés comme maîtres d'hôtel dans les palaces de Palm-Beach. Quant aux Osages, après découverte du pétrole dans leur réserve de l'Oklahoma, ils se sont mués en autant de millionnaires ; sur l'emplacement de leurs anciens *wigwams*, ils ont bâti Osage-City, la ville la plus progressiste de l'Amérique du Nord ; ils pilotent eux-mêmes leurs 40 HP et font élever leurs enfants par des nurses anglaises. En fait d'exotisme, les Peaux-Rouges ne vous préparent que des désillusions !

Et tout d'abord, en effet, ce fut une désillusion, quand, après deux jours de randonnée par des chemins impossibles, nos autos atteignirent le lieu du rendez-vous fixé par le commissaire de la Réserve apache. Comment reconnaître en ces civilisés les fils des trois cents derniers chasseurs de scalps qui, réfugiés dans les Rocheuses de l'Arizona, y tinrent en échec pendant dix ans toutes les forces régulières des États-Unis? Vêtus de complets en velours, chaussés de bottes, coiffés de feutres, nos deux douzaines de « sauvages » eussent passé inaperçus au milieu des maquignons d'une foire du Limousin. Tandis que l'un de nous achevait de faire connaissance avec les Indiens en leur offrant des cigares aussitôt allumés, le fonctionnaire qui nous avait amené les Peaux-Rouges prenait congé de notre metteur en scène.

— Je vous confie ces hommes pour un mois. Vous leur fournirez la nourriture, plus cinq dollars par jour. En cas de difficultés avec l'un d'eux, vous vous adresserez à leur chef Géronimo. C'est un gentleman, quoique le petit-fils d'un féroce guerrier, le dernier cacique d'Apachie, celui-là même que voilà quarante ans, Théodore Roosevelt, alors lieutenant-gouverneur sur la frontière, dut enfumer jusqu'à l'asphyxie dans une caverne de ces montagnes... Je ne pense pas qu'aucun incident soit à craindre... Mais n'oubliez pas que le pays mexicain est à peine à une nuit de marche d'ici et qu'on signale de l'autre côté du Rio Colorado, des rassemblements de nomades yaquis, en révolte perpétuelle contre le gouvernement de Mexico.

Cecil de Mille sourit. Quel écart avait-on à redouter de la part de ces Apaches désespérément civilisés et qu'il nous faudrait, avant de « tourner », ramener à tout prix à la barbarie ancestrale. Nos Peaux-Rouges se servaient de brosses à dents, dormaient sur des lits de camp, jouaient au tennis et parlaient un anglais impeccable... Quant à leur chef Géronimo, gradué de l'École normale de Tuscon, il n'eût tenu qu'à lui d'être avocat, médecin ou homme d'affaires ; seul l'attachement aux débris de sa race lui avait fait préférer à une position libérale chez les blancs, le retour sur les terrains de chasse de la réserve. C'était un grand jeune homme d'une vingtaine d'années, doué d'une beauté rare qu'il tenait d'une mère de sang aztèque, — tribu noble entre toutes.

Dès le premier soir, mistress Brown avait organisé autour de son feu une réception en l'honneur de Géronimo et de ses hommes. Ils se présentèrent, revêtus des défroques apportées par notre costumier. C'était un spectacle rare que celui de ces fronts impassibles ceints des diadèmes de plumes de leurs pères ; les lueurs du foyer projetaient des ombres de géants sur la toile des tentes ; le chef apache chantait en s'accompagnant sur un banjo, et les voix de gorge reprenaient en chœur la vieille chanson indienne :

Oh! mon amant, laisse-moi t'appeler mon fils!

Quel plus doux nom donner à l'homme qu'on aime?

Le lendemain, à l'heure du « filmage », les Peaux-Rouges évoluèrent à souhait dans le fond du décor. Ce fut merveille de les voir ramper, galoper, charger, brandir la lance et le tomahawk, reconstituer les danses sacrées de leurs pères. Le profil de Géronimo se prêta à un « premier plan » dont l'expression évoquait la résignation d'une tribu qui se meurt, tout le mystère ethnographique aussi de la plus antique des races, celle dont la civilisation peupla sans doute l'Atlantide et s'engloutit avec le fabuleux continent.

Jamais Cecil de Mille n'avait trouvé plus dociles extras. L'opérateur, par contre, se montra moins enchanté, quand, le dimanche suivant, il s'entendit demander par sa femme : « Laissez-moi accompagner le chef sur la rive gauche du rio. » Tom Brown n'osa pas refuser, dans son orgueil de blanc. Une fille yankee ne saurait être soupçonnée d'inclination pour un homme de couleur !

Quand Estrella revint, le teint avivé par les émotions de la course, elle déclara : « Nous avons recontré deux envoyés yaquis. Ils apportaient un message pour Géronimo. Leur tribu mène encore là-bas l'existence communiste sous l'autorité des caciques guerriers. » Le soir, sur le rebord du plateau, nos Apaches allumèrent un grand feu auquel d'autres feux semblaient répondre, dans la direction de la frontière mexicaine.

Tandis que la Coquette, l'Ingénue, la Soubrette, toutes les girls de la troupe se plaignaient déjà du séjour dans ce décor d'angoisse, mistress Brown, elle, regardait bien en face toutes les forces de la nature. Elle se riait de la nuit tropicale dont tous les bruits lui semblaient devenus familiers. Elle ne tressaillait ni au cri du coyotte, ni au frôlement de l'aile du vampire. Chaque jour, maintenant, elle s'aventurait seule ou en compagnie des Apaches de l'autre côté du rio. Bientôt nous eûmes la stupéfaction de la voir revenir, nu-pieds, la peau insensible aux épines de cactus et aux pierres coupantes. Aux reproches de son mari, elle répondit par un : « Vous oubliez que j'ai une lointaine aïeule aztèque. » Nous pensâmes tout d'abord : « Elle joue à la sauvage ! » Mais jouaient-ils aussi au sauvage, les hommes de Géronimo qui maintenant ne quittaient plus, même les jours de repos, les armes et les défroques qu'ils avaient tout d'abord, en riant, sorties des caisses du costumier?

Trois semaines ne s'étaient pas écoulées que mistress Brown, selon la coutume peau-rouge, peuplait déjà d'animaux la tente de l'opérateur : ce fut d'abord un toucan à l'énorme bec jaune, puis un grand lézard vert sans cesse aux aguets des moustiques ; un chien vint compléter la ménagerie, une bête au poil hérissé, aux oreilles de loup et qui flairait le mari en lui montrant les dents. Que les Yaquis nomades eussent fait présent à cette blanche d'un de leurs chiens de chasse, — la grande richesse des tribus de la Sonora, — constituait un indice inquiétant.

Mais Tom Brown avait-il conscience qu'il se tramait quelque chose et que sa femme était dans le complot? D'ailleurs à qui confier l'atroce soupçon? Et qui aurait cru parmi nous qu'une fille blanche, de nationalité yankee, de religion catholique, pût au contact du pays indien redevenir une sauvage, au mépris de son éducation, au mépris de trois siècles de civilisation espagnole et anglo-saxonne?

Or, une nuit étouffante, comme j'avais quitté ma tente, en quête de la fraîcheur du rio, je crus voir sur la rive opposée la silhouette d'une femme ressemblant étrangement à Estrella, et qui dansait, dans un cercle d'Indiens, la danse sacrée de la Lune... Le dénouement était proche. Il ne restait plus à Géronimo et à ses hommes qu'un jour à figurer avant de regagner leur Réserve, quand ce matin-là, nous fûmes réveillés par l'âcre fumée d'un incendie qui consumait ce qui avait été le camp des Peaux-Rouges civilisés, leurs tentes imperméables, leurs lits de camp, leurs brosses à dents, leurs raquettes de tennis. Avant de partir rejoindre de l'autre côté de la frontière les Yaquis encore libres de toute domination blanche, nos figurants avaient jeté dans le brasier leurs vêtements de la Réserve, les pantalons de velours, les bottes, les chapeaux mous, mais ils avaient eu soin, par contre, d'emporter toutes les défroques de notre costumier : les mocassins, les grelots, les plumes, les cottes de cuir de leurs ancêtres. Ils avaient aussi emmené avec eux Estrella.

Quand le commissaire yankee se présenta pour reprendre livraison de ses Peaux-Rouges, ce fut une autre histoire. Cecil de Mille était responsable de la disparition des figurants vis-à-vis du département des Affaires indiennes. Il fallut expédier des paperasses sans nombre à Washington. Le monde cinégraphique de Los Angeles y joignit une pétition, demandant au président l'envoi d'un régiment de cavalerie chargé de rejoindre les Apaches et de délivrer la femme yankee qui avait disparu avec eux. Mais le gouvernement avait bien autre chose à faire qu'à risquer un conflit diplomatique avec le Mexique, en violant la frontière, — fût-ce sous le fallacieux prétexte de délivrer une blanche *enlevée* par les Peaux-Rouges. Car la pétition se servait du mot *enlèvement*, bien que tous les membres de notre troupe, à commencer par Tom Brown, eussent enfin compris qu'Estrella était partie de son plein gré, à la suite de nos figurants, victimes eux-mêmes du paradoxe cinégraphique, — reprendre la vie sauvage de la tribu, aux lois de laquelle la jeune femme obéissait à travers un monstrueux atavisme réveillé dans son sang après quatre siècles.

XV

PAULINE FRÉDERICK OU LA RESPECTABILITÉ CINÉGRAPHIQUE

Il n'y a encore que la troupe de Pauline Fréderick pour savoir voyager avec pompe. Aux portières du train spécial qui va nous emporter de Los Angeles à San-Francisco se pressent des parents, des amis, des admirateurs. On pourrait croire que nous partons à l'autre bout du monde tourner des aventures dont aucun de nous ne reviendra. La foule aime à imaginer qu'une troupe cinégraphique court toujours au-devant du danger et les directeurs laissent croire, ce qui est de bonne publicité. Pourtant notre scénario ne saurait offrir aucune prise à l'émotion. Pas d'enlèvement, pas de naufrage, pas d'incendie, pas de course de chevaux ou d'auto, pas même de séance de boxe. Rien qu'une histoire de tout repos à filmer dans un décor de grands arbres, au bord du golfe de Frisco, sur lequel, parmi les transpacifiques empanachés de fumée, passe quelquefois un fantôme d'Extrême-Orient venu à la voile dans une jonque asiatique.

Au premier rang de ceux qui resteront sur le quai, Mumsie et Lew Cody. Mumsie est la mère de Pauline Fréderick, et Lew Cody est le fiancé. Les mères et les fiancés ont toujours joué un grand rôle dans la vie des vedettes au pays du film ; mais tandis que les mères construisent la gloire des étoiles, bien souvent les fiancés s'appliquent à la détruire. Les mères préparent la signature des royaux contrats que les fiancés dilapideront. Les mères sont la raison et les fiancés sont le sentiment. Les mères haïssent les fiancés et les fiancés le leur rendent bien. Mumsie, à n'en pas douter, haïssait Lew Cody, le plus dangereux des fiancés, parce que le plus séduisant, Don Juan de l'écran, sur celui-ci ivrogne, joueur, menteur, coureur, blasphémateur, d'ailleurs parfait artiste.

Quatre fois déjà Pauline Fréderick s'est mariée, et si Mumsie est incapable de la protéger contre la cinquième catastrophe sentimentale que Lew Cody prépare, du moins Mumsie attend patiemment cette heure inévitable de l'abandon où, triomphante enfin, elle consolera sa fille. Mumsie mérite de prendre place dans la galerie des mères célèbres, entre Mme Pickford et Mme Talmadge. Leur exemple ressuscite au pays du film les grandes traditions du matriarcat, cette institution féministe et préhistorique qui donnait à la femme le commandement dans la tribu, en ces temps hyperboréens où les hommes étaient conduits au combat par les walkyries, instruits par les pythies, mis en rapport avec les dieux par les druidesses.

Boîtes de chocolats, paniers de fruits, bouquets de fleurs, mouchoirs. Enfin, nous partons. J'ai tout un long jour de voyage pour faire connaissance avec la troupe. L'héroïne d'abord, dans la personne de Pauline Fréderick? Dès le premier contact, je la juge simple, délicate, bonne; elle semble perpétuellement avoir honte des 100 000 dollars qu'elle gagne si aisément chaque année; elle s'excuse de son succès financier et elle aime passer dans la vie et sur le film comme l'éternelle victime des hommes, ce qui lui permettra, après l'aventure Lew Cody, d'offrir au destin sa malchance amoureuse en expiation de sa chance en affaires. Le héros? Milton Sills. Il est Anglais et ancien élève d'Oxford. Très intellectuel, il n'admire qu'à demi le grand art muet à qui pourtant il doit une vie large et oisive qu'il consacre à fumer la pipe et à lire Eschyle dans le texte. Il est très bien. Le père noble est moins bien. Dès le début du voyage, il m'entraîne dans une partie de poker où, avec des cartes que je soupçonne truquées, il me vole le salaire de ma première semaine. Le comique (Walter Hiers, une réédition de Fatty, mais en plus soigné, plus spirituel) cherche à chasser mes soucis nés des pertes au jeu : il aiguille mes pensées vers Frisco, dont il me vante les cabarets que l'on ne quitte qu'à cinq heures du matin pour aller finir la nuit avec des *chorus girls* dans la ville chinoise. Mais comme dans la vie sentimentale je recherche plus de délicatesse, j'essaie d'éveiller chez ma voisine, la soubrette, quelque curiosité pour le monde des âmes. Hélas! les seules paroles que je parviens à amener sur les lèvres de la jolie enfant sont : « *My dear*, on m'a donné l'adresse à Frisco d'une nouvelle modiste qui a des chapeaux garnis de cornichons japonais! Ça doit être admirable! » On serait découragé à moins. D'ailleurs, il se fait tard. L'héroïne rêve toujours à Don Juan. Le héros converse en grec avec les dieux de l'Olympe. Le père noble cherche pour son poker une nouvelle victime. Le comique ronfle. La soubrette est plongée dans un journal de modes. Je suis seul.

Et mon isolement vis-à-vis du reste de la troupe va s'affirmer encore dès notre installation dans l'hôtellerie de Beverley. L'instinct social n'a jamais été bien impérieux chez moi et il ne m'importe guère de continuer à pénétrer sans compagnon dans le maquis de la vie. Mais il s'agit cette fois d'une réunion professionnelle dont je suis délibérément exclu. Chaque jour, à cinq heures, sitôt le filmage terminé, tous les interprètes, femmes et hommes, se retirent chez le comique où la palabre régulière dure jusqu'à la cloche du dîner. Que peut-il bien se passer là-haut, dans la chambre de l'émule de Fatty, au dernier étage de l'hôtellerie, au-dessus de la cime des pins? Je me sens intrigué, humilié par l'ostracisme qui me frappe. Suis-je redevable de celui-ci à ma nationalité étrangère, au fait de me trouver le dernier venu dans la troupe? Je cherche des raisons. Parbleu ! dans cette tribu, je suis l'homme normal, l'homme sain, l'homme honnête ! Je n'ai plus aucun doute : on se cache de moi pour perpétrer quelqu'une de ces terribles parties qui sont la soupape d'échappement d'un puritanisme trop sévère. Ils sont là-haut, tous et toutes, vautrés dans le whisky, sans doute, ivres de cocaïne, sous l'influence de l'opium peut-être !

Mais certainement, l'opium est de la fête !... La « doublure » de Fatty a dû le rapporter de ses expéditions dans le quartier chinois !... Alors, sûr à l'avance du spectacle qui m'attend, je monte droit vers la chambre de l'orgie et, sans frapper, j'ouvre brusquement... pour trouver la troupe au complet en train de lire la *Bible.*

— Prenez donc une chaise, cher monsieur, me dit aimablement Pauline Frederick. Nous ne vous invitions pas à nos petites réunions parce que vous êtes catholique et que nous sommes ici entre protestants.

Et le père noble, dont mon entrée a interrompu la lecture, reprend celle-ci d'une voix pieuse. Et autour de mon douteux partenaire au poker tous les autres artistes écoutent pieusement. Quelle piété chez chacun d'eux ! Chez l'héroïne, en dépit de son culte pour Don Juan, symbole du mal et de la destruction ; chez le héros, en dépit de son admiration païenne et lettrée pour les divinités amorales de l'Olympe ; chez la soubrette, en dépit de l'intérêt exclusif qu'elle porte aux chapeaux ornés de cornichons japonais ; chez le comique enfin, en dépit de ses tournées des mandarins dans la ville chinoise... Sincère contrition ou habile hypocrisie? Malgré soi, on pense à Tartuffe, pécheur honteux, trop calomnié et qui, dans son impuissance à supprimer en lui le péché, tentait au moins, en le cachant, d'éviter sa propagation chez les autres. Que le puritanisme yankee naisse du même souci de prophylaxie morale, ou qu'il soit à la vertu ce que le bluff est aux affaires ou bien encore que la crainte du détective ait seule présidé à sa formation, je ne l'en trouve pas moins hautement respectable, s'il peut inspirer à une troupe de pécheurs cinégraphiques ce souci de dignité extérieure qui fait qu'au pays du film, héroïnes et comiques, soubrettes et pères nobles restent, en dépit de tout, des *ladies* et des *gentlemen*.

Bien souvent au cours de mes expériences américaines, j'allais retrouver la même *respectability* gouvernant les coulisses du théâtre ou l'envers de l'écran! Dans le Nouveau Monde, les ménages d'artistes sont légitimes, se targuent d'attitudes posées, font une visite dominicale au temple et élèvent leurs enfants dans de rigides principes. Quel contraste avec l'existence de nos milieux artistiques, leur esprit bohémien, leurs unions libres, leurs basses jalousies de métier, leur recherche d'une publicité scandaleuse! On aimerait à voir en France des dynasties magnifiques comme celles des Barrymore (Ethel, Jean et Lionel) imposant à tout un peuple, par la dignité de leur vie privée, le respect du théâtre, du cinéma et de leurs interprètes. On dira peut-être que tout ce puritanisme n'est souvent qu'un voile jeté sur des vies privées aussi désordonnées que celles de nos grandes coquettes ou de nos jeunes premiers? Peut-être. Mais chez les comédiens américains, la licence des mœurs s'efforce toujours de rester secrète et si quelque accident la fait publique, elle a le bon esprit d'user aussitôt de formules honnêtes qui font passer l'amant pour le fiancé et effacent l'adultère au moyen d'une procédure immédiate de divorce.

Cette dignité de l'artiste aux États-Unis est encouragée, il est vrai, par des salaires qui garantissent une vie honorable à tous les travailleurs de la scène ou de l'écran, sans excepter l'utilité ou même la figuration. Sur les théâtres yankees, on ne voit pas l'ingénue obligée, tout en jouant, de chercher des yeux dans la salle quel vieux monsieur paiera les robes de son rôle. Après la représentation du music-hall, les *chorus-girls* peuvent rentrer chez elles sans se voir contraintes par l'insuffisance de leurs appointements à aller faire la rue comme la majorité de nos *marcheuses* de revues. De l'autre côté de l'Atlantique, le héros, rétribué suffisamment, n'est pas tenté de jouer, après la pièce, le « Bel Ami » auprès des filles entretenues. A cette enviable situation matérielle de l'acteur américain correspond une situation sociale normale qui affermit encore la *respectability* de la profession artistique. Si la race yankee n'est pas absolument exempte de préjugés, du moins, elle ne se déshonore jamais par cette intransigeance de caste qui chez nous fait si souvent un paria de l'artiste. Qu'un aristocrate, en France, vienne à monter sur les planches ou à tourner devant l'objectif, et le voilà aussitôt exclu de sa famille, renié par ses amis, chassé de sa classe. Un ploutocrate yankee, lui, est heureux de donner sa fille au grand comique et le snobisme des « Quatre Cents » ne s'effarouche point de voir un de leurs membres convoler en justes noces avec la soubrette de la pièce à la mode. A Paris, de moindres gestes donneraient naissance à d'effarants drames bourgeois.

Cette déconsidération sociale dont les classes dirigeantes du Vieux Monde frappent encore les comédiens poursuit ceux-ci jusque dans la coulisse et sous une forme pire encore. Là, trop souvent, tout ce qui touche à l'administration du théâtre ou du studio affiche le plus profond mépris pour l'interprète. Comment voulez-vous, après cela, qu'il reste noble, le père noble? Et songera-t-il jamais à se respecter lui-même, ce compère de revue, taré à l'avance dans l'esprit de ses employeurs comme de ses spectateurs? Voilà pour eux, les cabots! Quant à elles, les cabotines? Pauvres petites camarades, combien de fois, avant d'obtenir un rôle et de le garder, vous faudra-t-il acquitter le droit des seigneurs, chez le secrétaire général, dans le cabinet directorial, dans la garçonnière de l'auteur, plus tard dans votre propre loge que forcera le régisseur?... Heureuses encore si le pompier de service ne vient pas, lui aussi, un soir de générale, vous réclamer sa part!

Mais revenons à la troupe de Pauline Fréderick, lisant pieusement la *Bible*...

J'aurais pu sourire du contraste des situations. J'ai préféré n'y voir qu'une leçon de prudence, dont le souvenir, d'ailleurs, à quelque temps de là, sauva ma liberté...

La même pompe qui avait présidé à notre départ de Los Angeles nous avait accueillis à notre arrivée à San-Francisco. L'hôtellerie de Beverley était devenue le lieu de rendez-vous d'un peuple avide de voir, d'approcher, d'écouter l'étoile et ses satellites. Pauline Fréderick avait le bon esprit d'éviter ces démonstrations populaires. Les autres interprètes, blasés par plusieurs années de métier, imitaient la vedette et disparaissaient de la salle à manger sitôt le café bu. Oh! n'insultez jamais un pauvre acteur qui se conduit en cabot! C'était la première fois que j'avais une salle. Je me laissai griser. J'acceptai les hommages d'une curiosité féminine qui devait se rabattre sur le vilain de la troupe à défaut du héros, du père noble ou du comique, qui faisaient tous faux bond.

Au nom du septième art, je signai des photographies, je délivrai des autographes, j'improvisai des pensées qui voulaient être profondes et qui n'étaient qu'obscures, je parlai sur Mary Pickford, sur Pauline Fréderick, sur Chaplin, sur moi surtout. Je donnai des cours de maquillage ; je reçus des bouquets, des mouchoirs brodés, je présidai un banquet en l'honneur du monde de l'écran, je me laissai décerner le titre de parrain par une école normale de filles. Quand la troupe quitta Beverley, il était temps : je commençais à devenir odieux à moi-même.

Rentré à Los Angeles, j'eus la stupidité d'accepter que de San-Francisco l'encens de la popularité montât encore vers moi. Mon école m'écrivait régulièrement. Je crus devoir répondre. Tant que la correspondance restait collective, elle n'offrait aucun danger. Mais, fatiguée de l'anonymat, l'une des élèves commença à m'adresser des lettres en son propre nom. Elle s'appelait Peggy, avouait quatorze ans et son admiration pour moi et le ciné, une admiration si acharnée qu'un beau matin je fus réveillé par une voix flûtée qui disait à travers ma porte : « Hello ! c'est votre amie Peggy qui arrive de Frisco pour que vous lui trouviez un rôle ! » Jamais Frégoli n'exécuta plus rapidement une frégolinade. En quarante secondes, je fus habillé. La minute ne s'était pas écoulée que déjà Peggy, entraînée brutalement par moi dans la rue, se trouvait poussée dans le poste de police voisin, où je la remettais entre les mains de la force publique. Je respirai seulement à la nouvelle qu'un shérif allait ramener dare dare à sa famille la dangereuse voyageuse. Le respect du puritanisme et la crainte de ses sanctions m'avaient inspiré cette décision impitoyable.

Je m'étais vu la victime désignée de toutes les lois du féminisme yankee. J'avais pensé : « Toutes les apparences sont contre moi. J'ai adressé des cartes postales et ma photo dédicacée. La police va m'accuser d'avoir fait quitter à cette petite misérable le toit maternel et de l'avoir attirée à l'autre bout de la Californie avec le mirage cinégraphique. Si je parlemente, je suis perdu. »

Grâce à mon sang-froid, j'échappais au sort du « grand comique », obligé d'épouser la « petite figurante ». J'évitais peut-être d'être traduit devant les juges et condamné, comme Earle Williams, à de ruineux dommages-intérêts pour « rupture de promesses matrimoniales ». De quels autres périls ne m'évadais-je pas? Il y avait encore des lois sur « le respect dû aux femmes ». Il y avait le redoutable « code de l'esclave blanche », et la distance qui sépare San-Francisco de Los Angeles eût permis à un tribunal puritain, en m'appliquant cette dernière législation, de m'envoyer au bagne pour deux ans ! Malgré mon innocence, il s'en est fallu d'une hésitation que je n'écrivisse ces souvenirs dans l'ombre malsaine des prisons.

XVI

ÉRIC VON STROHEIM OU LE BEAU MARIAGE

Quand le baron von Stroheim, châtelain de Kronberg (Basse-Autriche), atteignit ses vingt et un ans, la baronne, sa mère, réunit en conseil de famille ses parents et familiers. Les progrès de la démocratie avaient achevé de dédorer le blason des von Stroheim. Les tourelles du château réclamaient aussi des réparations urgentes.

On décida d'envoyer Éric en Amérique, à la recherche du beau mariage assuré par avance à un baron qui, bien titré et bien tourné, débarque au pays des gratte-ciel, des milliardaires et de leurs filles. Chacun des membres du conseil de famille tint à honneur de coopérer aux préparatifs de l'expédition. Sur sa cassette personnelle, la baronne douairière préleva les 15 000 couronnes jugées indispensables pour faire face aux frais des fiançailles. Le général margrave von Pilsen, oncle d'Éric, remit à son neveu une lettre d'introduction pour un colonel américain qui, durant les grandes manœuvres de Moldavie, avait représenté auprès du quartier général de François-Joseph l'armée mercenaire et démocratique des États-Unis. La marraine du jeune baron, Fräulein Schultz, vieille fille qui habitait les environs, offrit une garde-robe complète à son filleul. Herr Schwartz enfin, le notaire de la famille, donna des conseils à Éric et le mit prudemment en garde contre les « coureuses de titres sans le sou et qui n'ont qu'une façade ».

L'hospitalité américaine a pour principe de considérer tout visiteur européen comme un grand homme, — jusqu'à preuve du contraire. Politesse exagérée et qui a bercé d'illusions dangereuses maint nouveau débarqué ! A peine le navire qui transportait Éric fut-il en vue de la statue de la *Liberté*, que déjà le baron se voyait assailli par douze reporters dont la vedette était venue à sa rencontre à l'entrée d'Hudson. Le dimanche suivant, le gentilhomme pouvait contempler dans les magazines sa photographie encadrée par de sensationnelles interviews. La lignée des von Stroheim y était présentée comme la plus noble de l'aristocratie autrichienne. Le passé du jeune baron y était relaté au moyen des plus flatteuses anecdotes. La plume exaltée des journalistes allait même jusqu'à prêter à Éric d'admirables projets dont les moindres étaient la chasse à l'ours grizzly dans les Rocheuses et une expédition à travers l'Alaska inconnu.

Au castel de Kronberg, on avait reçu avec des larmes d'émotion les exemplaires des magazines accompagnant la première lettre d'Éric. Celui-ci y décrivait New-York, l'accueil de la presse, les illuminations de Broadway, les offices de la ville basse, les palaces de la ville haute, les tramways aériens, les foules sur la Cinquième Avenue.

Son premier enthousiasme épanché, le baron s'était mis en quête du fameux colonel américain pour lequel il était porteur d'une missive de l'oncle, et qui débutait par la formule en usage : « Mon cher camarade... »

Éric découvrit le « cher camarade » au troisième étage d'un gratte-ciel d'où, en bras de chemise et entouré de trois sténographes et de cinq téléphones, l'ex-colonel, rentré dans la vie civile, s'occupait à constituer un trust du papier mâché destiné à révolutionner l'art de l'habitation et à conjurer la crise du logement. Le « cher camarade » se souvenait à peine des grandes manœuvres de Moldavie. Il se débarrassa d'Éric en l'invitant à dîner en tête à tête pour le lendemain.

Là s'arrêtaient les présentations sur lesquelles Éric comptait pour pénétrer dans l'intimité des milliardaires et de leurs filles. Les Quatre Cents, pour être moins fermés que la haute société viennoise, sont cependant d'un accès difficile pour les nouveaux débarqués d'Europe, ceux-ci soient-ils aussi titrés et aussi élégants qu'Éric von Stroheim. Celui-ci n'était pas au bout de ses désillusions. Le gentilhomme, dans ses courses à travers la ville, s'aperçut bientôt qu'il n'était pas le seul étranger à porter blason en Amérique. Il rencontra ainsi quelques confrères, mais qui étaient loin d'occuper une situation en rapport avec la gloire de leurs ancêtres. Dans la personne d'un humble employé de banque, Éric s'aperçut qu'il avait affaire à un prince italien. Un comte français se cachait sous la livrée d'un portier d'hôtel. Un ex-lord lavait la vaisselle chez un restaurateur.

Éric attendit deux mois avant de pénétrer dans un de ces *homes* de la Cinquième Avenue où les milliardaires, dans l'imagination des profanes, mènent une vie de luxe inouï et de satisfactions ininterrompues. Un soir, admis enfin à s'asseoir à la table du roi du cuivre, Éric eut l'étonnement de se voir servir un dîner bien moins copieux que ceux de Kronberg. Un unique valet faisait un service discret. Sitôt le café avalé, le milliardaire se retira, laissant le baron en tête-à-tête avec l'héritière d'un des plus formidables *trusts* du monde. C'était une petite personne sautillante qui semblait esquisser après chaque phrase un pas de cake-walk. La conversation n'en fut pas moins instructive pour Éric. Il apprit brutalement que l'institution de la dot n'est pas encore entrée dans les mœurs américaines, que l'homme yankee tient à honneur de subvenir aux besoins de son foyer, et que les fiancés des petites milliardaires eux-mêmes ne sauraient

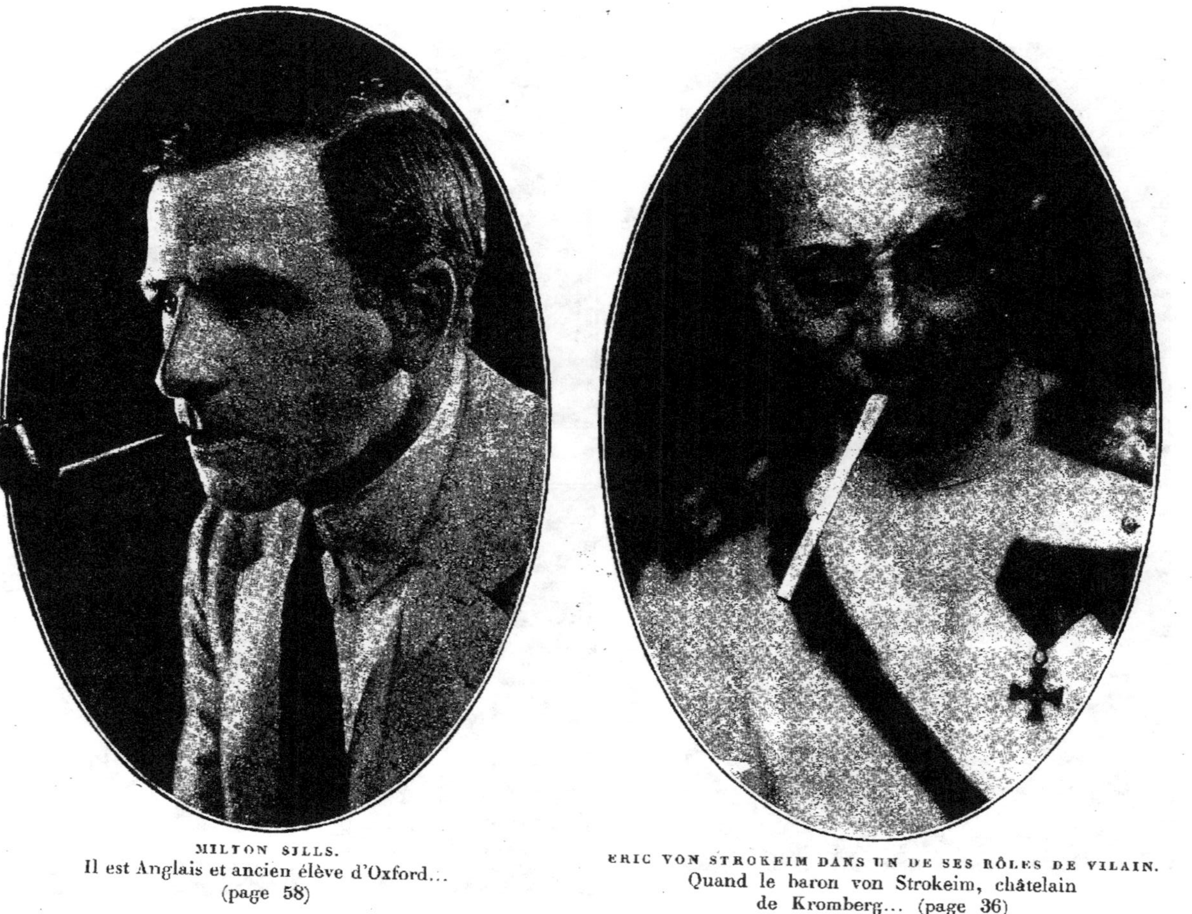

MILTON SILLS.
Il est Anglais et ancien élève d'Oxford...
(page 58)

ERIC VON STROKEIM DANS UN DE SES RÔLES DE VILAIN.
Quand le baron von Strokeim, châtelain de Kromberg...
(page 36)

RUDOLPH VALENTINO.
Je l'avais rencontré quelques mois auparavant à New-York. (page 70)

L'AUTEUR EN COMPAGNIE D'UN CO-VILAIN.
La " sortie " du film coïncide avec le *knok-out* de Jess Willard. (page 74)

JESS WILLARD.
" Vous jouerez le *vilain* dans un film où Jess Willard est le héros ". (page 73)

échapper à la loi de l'effort individuel. « Je sais, lui déclara la jeune fille sautillante, que quelques *girls* ont épousé des titres. Le plus souvent, les imprudentes ont été invitées à payer les dettes de jeu de leurs nobles maris, quand ce n'était pas les factures de leurs maîtresses ! Mon père a toujours travaillé, mon frère travaille. J'ai un fiancé qui s'appelle Bob, et qui a débuté comme groom dans notre trust. Il a vingt-trois ans maintenant. Il vaut déjà trois millions de dollars ; à cinq millions, je l'épouse !

Éric s'effara qu'on pût préférer un ancien groom qui avait réussi à un authentique gentilhomme qui ne faisait rien. Quand des lettres de Kronberg arrivèrent demandant combien de partis le marquis avait déjà en vue, Éric, agacé, remit à plus tard la réponse. Aussi bien, il espérait être plus heureux ailleurs dans ses tentatives matrimoniales. Il quitta New-York, s'en fut à Chicago, puis à Denver. Partout même insuccès. Il gagna San-Francisco, pour finalement s'échouer à Los Angeles.

A cette époque, le cinéma était encore un art enfant. Ceux qui s'y intéressaient passaient pour visionnaires. Cependant une rencontre d'hôtel allait pousser vers la voie nouvelle le baron désillusionné.

La rencontre s'appelait Peggy Crosley. C'était une grande jeune fille blonde à la démarche aisée, aux attaches fines.

— Ah ! vous avez un titre ! s'écria Peggy, dès le début. J'ai toujours rêvé d'être baronne. C'est une folie, je le sais, mais je suis assez riche pour me passer quelques folies. Mon père a des mines d'or et quelques puits de pétrole en Louisiane. Avec moi, vous aurez votre auto de bonne marque, votre *home* dans la meilleure rue de Los Angeles, votre villa à Pasadena. Écrivez-moi à l'hôtel Alexandria, mais ne téléphonez jamais, j'ai horreur du téléphone.

Le roman se présentait selon les vœux les plus chers du baron. Trois jours plus tard, Peggy frappait déjà familièrement sur l'épaule du jeune homme en lui disant : « Hello, Éric ! » La semaine suivante l'Américaine, en se laissant embrasser, demandait avec une moue charmante : « *My dear*, sont-ce mes millions ou bien ma petite personne que vous aimez? » Le baron déclara : « Je suis prêt à vous épouser sur l'heure, quand bien même je saurais vos mines d'or la proie d'un krach et vos puits de pétrole sous la menace du pire cataclysme. » Que risquait Éric à parler de la sorte, avec une héritière qui vivait dans le plus luxueux hôtel de la ville, et qui répétait sans cesse : « Avec moi, vous serez millionnaire, *my dear.* »

Cependant, à faire sa cour dans les bons restaurants de San-Diego et de Pasadena, le baron épuisait ses « fonds de guerre ». N'osant un nouvel appel d'argent à Kronberg, Éric pressait le départ pour cette Louisiane où il serait présenté à la famille de Peggy et où le mariage prendrait place. L'été approchait, mais la jeune fille prétextait ne vouloir devenir baronne qu'en hiver, à l'époque où le grand port du Mississipi s'anime dans les mondanités. L'Américaine s'étonnait de l'impatience du fiancé, en dépit du flirt permis, en acompte.

— La vérité, dut avouer le jeune homme, est que je n'ai plus un dollar, et vous comprenez bien qu'à moins d'être votre mari, il m'est impossible d'accepter le moindre argent de vous.

— En effet, dit Peggy, la chose serait *shocking :* mais j'ai un moyen de vous aider à atteindre l'hiver. Il y a en ce moment un nouveau et excellent *business...*

Et la jeune fille d'expliquer au baron en quoi consistait ce *business* si plein de promesses.

Des pionniers de l'écran, Griffith, Lasky, Cecil de Mille et quelques autres, venaient de s'installer à Hollywood sous des baraquements. Là, armés d'embryons de scénarios, ces animateurs de la première heure enregistraient sur la pellicule les premiers « cinq reels » qui provoquaient l'organisation de théâtres cinématographiques un peu partout dans les États-Unis. Tournées avec des frais infimes, ces premières bandes rapportaient des sommes appréciables à leurs hardis *producers.* Pourquoi Éric n'essaierait-il pas, lui aussi, ses capacités et son goût artistique dans l'art nouveau?

Éric se défendit tout d'abord contre cette entreprise « bonne pour des clowns de cirque ». De plus, il invoquait une totale ignorance des affaires. Mais Peggy insistait, citait des chiffres, donnait l'adresse d'un fournisseur d'appareils. Elle apporta l'autorisation d'un romancier à la mode, qui se déclarait enchanté de voir filmer ses œuvres par le baron. Celui-ci finit par louer une grange aux portes de la ville. Il recruta des interprètes de bonne volonté, tourna une première bande, médiocre, mais qui lui laissa un bénéfice raisonnable.

— *Cheer up! my dear!* Continuez et ayez confiance en moi! disait la *girl.*

Quelques semaines plus tard, le baron — toujours sur les conseils de Peggy — vendait à l'avance toute sa production de deux ans. Sa fiancée le conduisait alors dans une banque qui, sur ses contrats, lui avança les fonds nécessaires pour bâtir un *studio*, pour engager un photographe de métier, pour s'assurer la collaboration de bons acteurs de scène. Éric déclarait néanmoins que tout ce travail n'était que provisoire, en attendant le mariage libérateur. Il avait envoyé à Kronberg la photographie de sa fiancée. La baronne répondit par une lettre touchante à l'adresse de la « petite milliardaire ». Mais Herr Schwartz réclamait l'adresse du notaire de la famille Crosley. Éric, tout en ne doutant pas d'épouser bientôt la plus riche héritière de Louisiane, répliqua vertement au tabellion qu'il était de mauvais goût de prendre des renseignements sur la fortune de sa future femme, que d'ailleurs il faisait un mariage d'amour et qu'il ne demanderait à sa fiancée aucune reconnaissance par contrat.

Une lente évolution s'était opérée dans l'esprit d'Éric. Au contact de la vie américaine, il avait pris goût au travail. Une conception nouvelle de l'honneur masculin combattait en lui ce premier projet d'une épouse riche payant les dépenses de son oisiveté maritale. La femme ne lui apparaissait plus quasi esclave comme dans le Vieux Monde, appartenant corps et biens au mari et au maître. Il voulait une compagne libre d'elle-même, égale à lui dans l'amour comme l'est un associé dans les affaires. C'était l'heure qu'attendait Peggy. Un soir, elle dirigea la promenade quotidienne vers les nouveaux *studios* en construction à Hollywood, sur la route des montagnes. Seules encore étaient visibles quelques armatures couvrant quelques pieds carrés, mais on pouvait deviner que bientôt une grande industrie naîtrait dans cette vallée, que d'autres serres de verre viendraient se grouper au pied des contreforts et qu'on verrait s'élever là un jour par centaines des offices, des laboratoires, des scènes obscures et des plateaux à ciel ouvert. Peggy évoqua pour Éric les splendeurs cinégraphiques des jours prochains. Elle avait choisi ce décor, où déjà s'affirmait l'avenir d'un grand art yankee, pour faire l'aveu dont dépendait sa vie, à elle, petite fille yankee.

— *My sweethaert*, dit Peggy, je ne suis qu'une pauvre petite sténographe. La Louisiane m'a vu naître, mais mes parents y vivent sur une modeste ferme. Je recevais vos lettres à l'hôtel Alexandria, car là, tous les matins, à l'heure où vous dormiez paresseusement, j'allais « taper » le courrier d'un riche homme d'affaires. Je vous ai menti, parce que je vous aimais, et le mensonge était le seul moyen de vous conquérir. Quand je vous promettais la fortune avec moi, il s'agissait du travail auquel je vous ai habitué. C'est tout. M'épousez-vous encore, monsieur le baron?

Quelques jours plus tard, une lettre datée de Louisiane annonçait à la baronne douairière von Stroheim le mariage de son fils : « Avec ma femme, je mène une large existence, disait Éric. Je possède déjà une automobile. Nous ferons notre *home* dans la meilleure rue de Los Angeles et peut-être achèterons-nous une villa à Pasadena. »

Le baron ne donnait aucun autre détail. A quoi bon? Il faut laisser parfois aux vieilles personnes qui habitent les vieux châteaux de la Basse-Autriche leurs douces illusions. On a cru longtemps à Kronberg qu'Éric, devenu riche en réalité par l'amour d'une petite sténographe, avait épousé en Amérique une fille de milliardaire.

XVII

MADAME JAMES OU LA PHOTOGÉNIE

Nous avions fait connaissance sur le « plateau » des studios. Il s'appelait M. James. J'ai rarement rencontré homme aussi laid au monde, mais cette laideur excessive en faisait un « type » apprécié des metteurs en scène dans les jurys des cours d'assises, dans les conseils d'administration, voire même dans les salons de la haute société. A son crâne désespérément chauve et à son nez invraisemblable, M. James devait de « tourner » tous les jours de la semaine. En revanche, Mme James arrivait péniblement à faire ses cinq ou six cachets par mois. Elle était pourtant jolie, pimpante, élégante. Mais dans Los Angeles, dix mille autres femmes possédaient le même sourire aguichant, les mêmes cheveux blonds, les mêmes chevilles fines. Paradoxe cinégraphique ! A la suite de revers de fortune, le ménage s'était dirigé vers la Californie avec l'espoir que la charmante Mme James s'y ferait un nom à l'écran, et, contre toute attente, c'était le hideux M. James que la voix des directeurs proclamait photogénique !

J'aimais à m'entretenir avec cet homme laid. Il avait cette conception profonde des choses que seul un grand malheur peut donner. Son goût était affiné, son jugement sûr. Rapidement, je devins un des familiers de son *home*, mais avant de m'y présenter, je m'assurais toujours à l'avance de la présence du maître de la maison. J'aurais craint, en tête-à-tête avec la femme, de trouver celle-ci trop désirable, alors que j'estimais sincèrement le mari.

Mais de tels scrupules de conduite sont un défi porté au Malin.

Celui-ci allait y répondre en mettant en scène une fois de plus le drame de sa tentation éternelle. Un jour, les hasards du septième art placèrent Mme James à mon côté, dans une des voitures qui transportaient à Santa-Barbara la troupe de Georges Fitzmaurice. M. James n'était pas du voyage. De l'aube au soir, nous roulâmes à travers un paysage enchanteur où, brossés par la main divine elle-même, des décors de mer alternaient avec des décors de montagne. Les virages d'une Corniche sans fin rapprochaient de moi à tout instant le souple corps de ma compagne. Elle se prêtait d'ailleurs de bonne grâce à ces pertes d'équilibre et exagérait même la nécessité des frôlements. A l'arrivée, sa main se trouvait dans ma main. Une hôtellerie nous accueillit, toutes ses vitres embrasées par les derniers feux du soleil couchant. Après le dîner, comme je montais dans ma chambre, Mme James m'y suivit. La fenêtre était grande ouverte sur un bois d'orangers en fleurs. Tout se faisait complice : les parfums qui montaient vers nous, les reflets de la lune sur la mer, le chant des cigales, la mollesse de la nuit californienne.

— *Sweethaert!* Mon doux cœur ! murmura Mme James en m'offrant sa bouche.

Pourquoi, à cette minute même, n'ai-je pas plongé mes mains dans ces cheveux blonds, fait ployer cette nuque, pris ce premier et inoubliable baiser qui, à lui seul, vaut tous les abandons qui peuvent suivre? Je crois que, tout bonnement rompu par les fatigues du voyage, j'aspirais à dormir avant tout. Mais je voulus me donner de plus nobles motifs. Un vilain geste est un drame navrant, mais un beau geste n'est souvent qu'une comédie.

— Madame, dis-je, ce serait mal. Vous savez l'amitié que je porte à M. James. Je lui serre la main. Je m'assieds à sa table. Puis-je profiter de pareilles circonstances pour trahir sa confiance? Qu'en pensez-vous?

— Je pense que chacun a ses raisons que la raison des autres ne comprend pas toujours. Vous vous dérobez par scrupule et non point parce que vous m'estimez indésirable. Il me suffit que mon orgueil de femme reste sauf en cette aventure. Mais le « pourquoi » de mon offre vaut par ses complications le « parce que » de votre refus. Je voulais uniquement me venger d'une outrageuse injustice. J'ai un mari laid à faire peur et que les metteurs en scène ne se lassent pas de faire « tourner » au premier plan ! Et moi qui suis jolie, très jolie, on m'emploie tout juste une fois par semaine à figurer dans les foules ! Avez-vous compris maintenant? Je ne vous garde pas rancune, car je n'avais aucun désir de vous... Ma vengeance seule m'intéressait et non votre personne. Bonne nuit.

Et Mme James s'en fut.

Quel homme, une fois au moins dans sa vie, n'a pas rencontré sa tentation déguisée en Mme James? Le mari est absent. La femme a ses raisons. Et celui-là même que le pire dénuement ne pourrait décider à forcer le coffre-fort d'un inconnu, s'en va en toute sérénité de conscience crocheter la chambre conjugale de son meilleur ami ! Par quelle étrange casuistique libérons-nous les relations sexuelles des règles les plus élémentaires de la morale? L'amour est le grand insoumis de notre société latine. Celle-ci eut beau se policer au cours des siècles, celui-là est resté l'anarchiste des âges primitifs. La race yankee n'a pas tant d'indulgence pour cet éternel révolté. Le code transatlantique défend la propriété morale aussi strictement que le nôtre protège la propriété matérielle. Autour de « la loi sur l'aliénation d'affection », le législateur américain a groupé des sanctions de dommages-intérêts redoutables contre l'amant qui détourne la femme et même contre la belle-mère qui encourage de parti pris sa fille à négliger son mari. Chez nous, pareille législation constituerait une mine inépuisable pour les vaudevillistes. A New-York ou à Boston, les jurés font impitoyablement passer la justice des hommes et personne ne rit.

Ici, on rirait du plaignant comme du défendeur. On rirait de la femme, de l'amant, de la belle-mère. On rirait surtout du mari. Le voleur serait bafoué, le volé davantage. Quant à des scrupules analogues à ceux que je m'imagine avoir pratiqués à l'égard de M. James, l'opinion les a déjà marqués au sceau du ridicule. Mais celui-ci ne saurait voiler en moi la mémoire d'une action qui m'apparaît plus appréciable chaque jour. En effet, loin de s'effacer avec l'âge, mon geste prend cette patine brillante que le temps donne aux vieilles toiles. Son souvenir s'avive de tons plus chauds. Je ne sais déjà plus la véritable cause de mon refus, à savoir la fatigue accablante et l'impérieux besoin de sommeil. Mais inoubliables, les traits de M. James vivent en moi. Il a pris l'ampleur d'un symbole. Je ne le rencontrerai sans doute jamais plus dans ce monde, mais il m'aidera à trouver ma récompense dans l'autre. Je prévois l'heure où il sera ma meilleure raison de vivre. Déjà, les soirs de grand dégoût, c'est à lui seul que je dois de pouvoir relever la tête. Je le vois. Il me parle. Je le comprends. Il me dit : « Allons ! du courage ! Tu vaux mieux que les autres ! Tu as respecté la femme de ton ami James ! »

XVIII

RUDOLPH VALENTINO OU LA BEAUTÉ EXCESSIVE

Parmi les chercheurs d'or qui, dans une reconstitution de dancing-hall du nord-ouest canadien, devaient évoquer l'âge héroïque où les aventuriers se ruaient vers les pépites, j'aperçus Rudolph Valentino. Je l'avais rencontré quelques mois auparavant à New-York. Il y battait le pavé, entre deux de ces invraisemblables *jobs* (lisez situations) comme le Nouveau Monde seul sait en réserver à un Européen de qualité. Le personnel technique, comme par hasard, n'étant pas encore prêt, nous nous assîmes devant deux verres de limonade dont la coloration imitait le rhum de Jamaïque.

— Ça va mal, me dit Valentino, avec une rare franchise dans un pays où le *bluff* yankee est aussi impérieux que notre *paraître* latin. S'il vous souvient de notre dernière rencontre, je venais, à cette époque, de perdre ma place de professeur dans l'école de langues où j'enseignais un franco-italien à l'usage des tournées Cook's. Dégoûté des professions libérales, je me réfugiai bientôt dans un métier manuel, où j'espérais qu'une organisation syndicale me mettrait à l'abri d'un second et mystérieux congé. Le «job» de plongeur me conduisit dans un restaurant équivoque. Je plongeais à peine depuis quatre jours, quand je m'entendis inviter à ne plus reparaître. Pourquoi ce nouveau et brusque renvoi? Je l'ignore encore aujourd'hui. Lassé de la ville, je partis pour les champs. Après trois jours de marche, je m'échouai au seuil d'un palais, dans la campagne de Long Island. Recueilli par le milliardaire du lieu, je fus bientôt chargé, en qualité de jardinier paysagiste, de tracer un parc à la française à l'entour du château. Je m'y appliquais de mon mieux, lorsqu'un matin, mon maître, ayant changé d'idée en une nuit, décréta l'arrachage immédiat de mes ifs et le nivellement de mes parterres. Mon œuvre d'art allait se transformer en un hideux terrain de golf. La catastrophe coïncidait avec le retour d'Europe de la femme de mon châtelain, mais c'est en vain que j'ai cherché depuis à découvrir une relation de cause à effet entre ces deux événements. On désespérerait à moins. Alors, je décidai, à tant mourir de misère, de mourir au soleil. Je partis pour la Californie. J'y fus tour à tour cow-boy, commis de boutique, danseur professionnel, et perdis chaque fois mon « job » dans des conditions aussi inexplicables que les précédentes. Vous me voyez aujourd'hui figurant de ciné. Il paraît qu'on emploiera les chercheurs d'or trois jours. Dieu veuille qu'on me garde pendant ce laps de temps !

Je lui dis :

— Valentino, s'il était vrai que l'on arrivât par les femmes, un joli garçon comme vous se trouverait privilégié dans la lutte pour la vie. Mais longtemps encore on arrivera par les hommes seuls et ce sont vos qualités esthétiques elles-mêmes qui, en éveillant autour de vous une jalousie redoutable, sèment votre route d'obstacles inévitables. Vous êtes trop beau. Je ne crois pas me tromper. Vos souvenirs préciseront. Rassemblez-les. Les élèves de votre école de langues étaient des femmes, les unes vieilles, les autres jeunes, mais toutes également sous votre charme. Un enthousiasme féminin, quand il atteint ces proportions, ne va pas sans soulever des échos par la ville. Vos admiratrices avaient des maris, des pères, des frères, des fiancés. Vous-même aviez autour de vous des collègues, un directeur, de soi-disant amis... Oui, je sais... *La beauté est superflue chez l'homme, dont seule l'intelligence compte pour quelque chose.* A ce décret intéressé, rendu par les majorités masculines, — qui sont laides, — les femmes ont feint de se soumettre. Mais qu'un garçon comme vous vienne à paraître, et voilà la plus soumise de celles-là qui se trahit. Et la jalousie des mâles de s'éveiller aussitôt ! Ah ! la jalousie masculine !... La jalousie féminine, elle, est un lieu commun que l'on ne discute pas et l'on a tort. Contrairement à l'opinion répandue par les hommes, j'ai constaté, neuf fois sur dix, une bonne foi presque parfaite dans les appréciations esthétiques que les femmes portent les unes sur les autres. A tout instant, j'entends l'une d'elles admettre sans rancune et même souvent avec plaisir : « Une telle est jolie... Une telle est délicieuse... » Essayez, par contre, dans un groupe d'hommes laids — nous sommes presque tous laids — de déclarer à haute voix : « Un tel est beau ! » et vous verrez la réception faite à votre remarque. Observez vos auditeurs !

Un tel est beau ! Attendez quelques secondes que dans le silence provoqué par cette opinion, la basse jalousie masculine ait eu le temps de se ressaisir, de s'organiser... et vous allez entendre un premier : « Oui, mais... » suivi de beaucoup d'autres : « Oui, mais c'est un imbécile !... Oui, mais vous ne savez pas !... » Découvrez-vous maintenant la cause de vos vicissitudes? Dans le restaurant où vous laviez la vaisselle, sans doute des servantes vous considéraient-elles avec admiration, au grand dam du patron ou même du cuisinier. Plus tard, dans le château du milliardaire, le goût spontané de la femme pour son nouveau jardinier condamna du même coup, dans l'esprit du mari, vos parterres et vos ifs ! Quand vous étiez cow-boy, le maître de votre ranch avait-il une fille? Dans la boutique, les œillades des commises vous ont enlevé l'estime du boutiquier. Dans le cabaret où vous dansiez enfin, les clients ont sans doute menacé de ne plus amener de clientes. La même fatalité vous poursuivra jusqu'au jour où une exceptionnelle situation acquise d'un seul coup vous mettra à l'abri de nos jalousies d'hommes à l'esthétique quelconque, mais, jusqu'alors, l'envie, la calomnie, la catastrophe seront sur vous !

A peine achevais-je d'exprimer ce que d'aucuns pourraient prendre pour un paradoxe, qu'un geste de la vedette de la troupe vint illustrer la théorie que je tenais à l'homme trop beau.

— Ne pensez-vous pas que votre camarade est terriblement *attractif* ?

C'était Dorothy Dalton elle-même, qui venait de s'asseoir à notre table et s'adressait à moi en regardant droit dans les yeux le figurant Valentino.

Pareil manquement aux règles de la hiérarchie cinégraphique ne pouvait passer inaperçu. Le metteur en scène du film devait son mégaphone directorial à sa position d'amant de l'étoile. Il connaissait assez les « extériorisations » pour ne pas se tromper sur l'expression prise soudain par le visage de la vedette. Il y eut un colloque rapide avec un régisseur. Quelques instants plus tard, dans le brouhaha de la reprise du filmage, Valentino s'entendait dire :

— Nous n'avons plus besoin de vous, vous pouvez vous retirer. Votre journée de travail vous sera payée en entier.

J'ai encore dans les oreilles le ton attristé avec lequel le futur roi des jeunes premiers me quitta :

— Faudra-t-il que j'en arrive à m'ébrécher les dents ou à m'écraser le nez pour trouver du travail ?

Par bonheur, Rudolph Valentino n'en fut jamais réduit à mutiler sa beauté pour pouvoir vivre... Quelques mois après cet incident, un beau matin, le figurant se réveillait étoile. Après *les Quatre Cavaliers de l'Apocalypse*, ce furent *les Arènes sanglantes*, puis *le Jeune Radjah*. Ce fut surtout *le Cheik*. Par contrat, aujourd'hui, Valentino est assuré d'un salaire de 3 000 dollars par semaine, quelque chose comme 2 250 000 francs par an. Mais la jalousie masculine n'a pas désarmé pour cela. Elle le guette.

Un homme pauvre peut pardonner à un autre homme d'être riche, car il suffit d'être optimiste pour espérer arriver un jour à la richesse. Un homme bête peut pardonner à un autre homme d'être intelligent, car l'intelligence est quelque chose d'invisible, sujet à discussion, et dans celle-ci le plus stupide des êtres peut, à ses yeux au moins, bénéficier du doute. Mais un homme laid ne pardonne pas à un autre homme sa beauté, car l'infériorité esthétique est quelque chose d'absolu, d'indéniable, d'indiscutable et que nous, vilains à l'écran ou à la ville, lisons dans l'indifférence du regard de chaque femme qui passe.

XIX

JESS WILLARD OU LA FIN D'UN CHAMPION

— J'ai un rôle pour vous, me dit un jour le *casting director* du *Brunton*. Quinze jours à 150 dollars par semaine : ça vous va-t-il?

Cette libéralité inaccoutumée vis-à-vis d'un interprète qui n'avait jusque-là jamais dépassé les 100 dollars hebdomadaires aurait pu me surprendre, si, à l'instant de signer le contrat, je ne m'étais entendu dire négligemment : « Vous jouerez le *vilain* dans un film où Jess Willard joue le héros. » Point n'est besoin d'appartenir à la carrière cinégraphique pour comprendre ce que ces quelques mots m'ouvraient de perspectives redoutables. Sur l'écran, les méfaits du *vilain* attirent régulièrement sur cet immoral personnage un exemplaire châtiment dont l'exécution revient de droit au *héros*. Or, en l'espèce, celui-ci se trouvait être le champion mondial du coup de poing, et c'est difficilement que je pourrais tenir un round en face d'un kangourou boxeur!

Tous les chemins mènent à la conquête de la gloire cinégraphique. Le scandale a donné un jour la vedette à Evelyn Nesbit, héroïne d'un drame célèbre. La danse a conduit successivement à l'écran Gladys Walton, la Doraldina, Irène Castle, Rudolph Valentino. Eddie Polo, lui, doit à son passé d'acrobate fameux les honneurs de la pellicule. Annette Kellerman, championne de natation, a tourné des films aquatiques. Le chant a procuré à Géraldine Farrar le profit d'exprimer par l'art muet des sentiments que la cantatrice rythmait ailleurs au son de la lyre d'Euterpe. Des champions de boxe, Jim Corbet, Jess Willard, Georges Carpentier en incarnant devant l'objectif le héros, ont prouvé que si, dans la vie, la force prime le droit et la morale, elle peut aussi bien les défendre dans un scénario. Et il est d'ailleurs curieux de noter que les surhommes du muscle se montrent d'assez bons artistes cinégraphiques. J'ai tourné avec Jess Willard : ce colosse était sobre de gestes et faisait passer sur ses traits massifs de délicates expressions.

On conçoit qu'un directeur résiste difficilement à la tentation de confier son premier rôle à quelque célébrité de la piscine, du ring, de la scène, du cirque ou de la cour d'assises. C'est de la publicité gratuite et toute prête pour la présentation du film. Mais la popularité acquise ailleurs par la nouvelle vedette de l'écran n'est pas toujours une garantie de succès pour sa pellicule. Les commanditaires d'une production tournée par Caruso en firent jadis la coûteuse expérience, quand aucun cinéma d'Amérique ne consentit à projeter la lamentable mimique du plus grand des chanteurs. Mais si le film de Jess Willard fit fiasco, la faute n'en est pas imputable au jeu de la vedette, pas plus d'ailleurs qu'au scénario, au décor ou à la direction. C'est une circonstance indépendante du producteur qui scella la faillite de l'affaire : la « sortie » du film coïncida avec le *knock out* de Jess Willard par le nouveau champion Dempsey, et cette retentissante défaite enleva tout intérêt à ces deux mille mètres de pellicule, désormais invendables.

D'ailleurs, à supposer qu'une victoire de Jess Willard eût prêté à la présentation de son film une atmosphère d'apothéose, je doute encore que le succès financier fût venu récompenser cet effort cinégraphique. C'est qu'en Amérique, pour réussir dans la pellicule, il ne suffit pas de gros capitaux, d'une talentueuse vedette, de parfaits acteurs, d'un bon directeur, d'un bon scénario, d'un bon photographe et d'un soleil clément. A quoi sert d'avoir tourné le meilleur film du monde si son producteur, comme le commanditaire de Jess Willard, reste indépendant, isolé, sans attache avouée ou secrète avec la « chaîne » des cinémas du trust.

Le trust? Nous avons lâché le grand mot. Le ciné, la quatrième industrie des États-Unis, ne peut aujourd'hui, pas plus que les autres grandes activités yankees, vivre en marge du trust. Qu'est-ce que le trust? C'est l'accaparement d'une richesse par un groupe de *businessmen* qui, désormais, contrôlent le prix de revient et de vente de cette richesse, en fixant la production, la circulation, la consommation. Si stupéfiantes que puissent paraître les méthodes de domination du trust, il faut reconnaître que cette tyrannie économique a forgé les États-Unis modernes et fait de la petite Amérique coloniale de Washington le pays le plus puissant du globe. Le trust aujourd'hui gouverne tout ce qui se boit, tout ce qui se mange, se porte, se consomme, se vend, se gaspille. De l'indispensable au superflu, rien n'échappe à l'accapareur. Voici le trust de l'acier et son capital de 2 milliards de dollars. Voilà le trust du tabac, fort de 250 usines et de 60 000 boutiques. De Chicago, le trust de la viande, fort de 8 milliards de francs, peut affamer 100 millions d'estomacs, qui dépendent du bon vouloir des trains-glacières, des flottes frigorifiques, des journaux, des banques, des entrepôts de la gigantesque organisation. Le trust du sucre possède 85 pour 100 des raffineries yankees. Le trust du pétrole guide toute la politique extérieure des États-Unis, fait la paix ou la guerre, envoie, lors de l'élection présidentielle, son candidat favori siéger à la Maison Blanche. Il y a le trust des faux cols, le trust des jeux de base-ball, le trust des théâtres, le trust des music-halls. Le trust du ciné, lui, s'étend sur 20 000 écrans. Qui peut calculer la puissance exacte du trust cinégraphique américain? L'organisation centrale est formée par une corporation qui s'appuie sur un capital avoué de 32 millions de dollars. A lui seul, ce groupe contrôle 75 pour 100 du film yankee, depuis la fabrication du celluloïd qui servira à la pellicule jusqu'à la projection de celle-ci dans le théâtre du plus lointain village. Car, avez-vous la naïveté de croire qu'en Amérique vous pourriez, vous, simple particulier, ouvrir n'importe où une salle de cinéma pour y exhiber la bande qui vous plaît? Que non pas! A peine avez-vous fini de peindre votre devanture que déjà le représentant du trust se présente : « Vous allez montrer exclusivement nos films et à nos conditions. » Si vous résistez, un autre théâtre, alimenté par une caisse inépuisable, s'installera en face de votre salle. Si vous offrez vos places à vingt sous, le concurrent mettra les siennes à dix sous et, au besoin, il les offrira gratuitement. Pour vous écraser, la maison voisine changera son programme tous les soirs. Après soixante jours de ce régime, vous êtes en faillite.

Le trust rachète votre affaire et, s'il veut se montrer généreux, il vous offrira peut-être le poste de gérant dans votre ancienne affaire. Autour du trust, il y a les sous-trusts. Leurs combinaisons sont infinies. Hors d'elles, pour le directeur, l'interprète, le scénariste, le photographe, l'exhibiteur, le commanditaire, pour n'importe qui, il n'y a pas de salut.

Le film de Jess Willard devait marquer la fin sportive du champion — et ma propre fin cinégraphique. Ce ne fut pourtant pas, chez moi, faute d'avoir rempli avec conscience mon rôle. Refusant les « doublures » auxquelles ma position d'acteur me donnait droit, je n'hésitai pas à me livrer durant deux semaines aux plus dangereuses acrobaties. Je conduisis des charges vertigineuses où des coiffeurs et des savetiers mexicains de Los Angeles revivaient avec trop de fougue les exploits de leurs ancêtres indiens. Je me laissai, sous l'œil impassible de l'objectif, assommer, moi et douze autres bandits, sous les poings vengeurs du champion. Je tombai du haut d'une falaise dans la mer, en compagnie d'une voiture qui se brisa et d'une mule qui se noya. Mais voilà qu'au cours de l'épisode capital, ayant à assommer l'ingénue à coups de crosse de revolver sur la tête, je fus pris d'une faiblesse soudaine. Il y a dans la légende païenne de ces bras qui, arrêtés par une force mystérieuse, retombent inertes, incapables de sacrifier l'innocente victime. Il fallut reprendre la scène deux fois, cinq fois, dix fois. Après une demi-heure d'efforts, le directeur me cria :

— Vous venez de me faire perdre trente minutes et 1 250 dollars ! Et encore, *vous tuez mal!*

Cinq cent mille dollars de dépenses faisaient, pour les vingt jours, 25 000 dollars par jour, et à dix heures de travail... Le metteur en scène calculait avec précision ! Et encore, *je tuais mal!* Le mot fit fortune en défaisant la mienne. Je ne fus plus pour tous qu'un criminel honteux qui, après avoir franchi toutes les étapes du crime, s'arrête soudain, au dernier geste, et, pris de peur, claque des dents et sans offrir de résistance, attend son arrestation par les policemen que la foule des honnêtes gens a ameutés. Dans tous les studios où j'allais me présenter désormais, j'étais reçu par la phrase méprisante : « Oui, mais vous tuez mal ! » L'espoir de nouveaux rôles de *vilain* s'écroulait. Allais-je recommencer au dernier échelon de la carrière cinégraphique, retourner comme *extra* dans les foules, tenter de franchir les dures étapes d'un nouveau « type »? Je ne m'en sentais plus le courage. Je dis adieu à Los Angeles et au ciné américain.

Ma retraite ne me laissait d'ailleurs aucune amertume. J'avais été l'ami du vagabond Kalikao ; j'avais été assommé par Jess Willard, champion du monde ;

j'avais rencontré Don-Juan ; j'avais respecté la femme de mon ami James ; j'avais aussi, un jour, revécu la plus émotionnante page de *Manon Lescaut* — et toutes ces admirables choses m'étaient advenues dans l'espace d'un an. Il y a des existences d'hommes qui, en trois quarts de siècle, ont été moins remplies que mes douze mois de séjour au pays du film.

FIN

TABLE DES MATIÈRES

PARIS. — TYPOGRAPHIE PLON-NOURRIT ET Cie, 8, RUE GARANCIÈRE. — 29339.

PARIS. — TYPOGRAPHIE PLON-NOURRIT ET Cie, 8, RUE GARANCIÈRE. — 29330.

www.ingramcontent.com/pod-product-compliance
Lightning Source LLC
LaVergne TN
LVHW020031170826
845678LV00001B/219

* 9 7 8 2 3 2 9 7 2 9 3 6 7 *